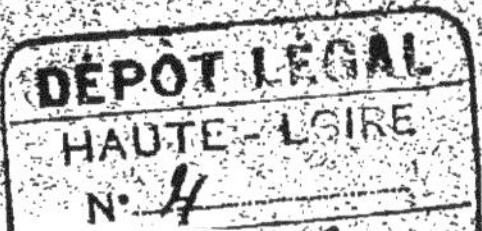

E. A.

LA FAMILLE AYMONIER

DU

CHÂTELARD EN BAUGES

(SAVOIE)

LE PUY

IMPRIMERIE PEYRILLER, ROUCHON ET GAMON

23, BOULEVARD CARNOT, 23

1908

LA FAMILLE

AYMONIER

DU

CHÂTELARD EN BAUGES

(SAVOIE)

LE PUY

IMPRIMERIE PEYRILLER, ROUCHON ET GAMON

23, BOULEVARD CARNOT, 23

1908

E. A.

La Famille Aymonier

DU

CHÂTELARD EN BAUGES

(SAVOIE)

———

Comme un gigantesque fossé, le couloir presque circulaire et ininterrompu des vallées relativement basses de Chambéry, Montmélian, Albertville, Faverges, Annecy, Rumilly et Aix-les-Bains, entoure un plateau élevé, forteresse naturelle, qui se dresse au cœur de la Savoie. A vol d'oiseau ce plateau montagneux mesure 4 à 5 lieues de diamètre. Les chaînes qui le bossuent, courant du Sud au Nord, séparent des combes dont les *nants* portent tous leurs eaux au Chéran, torrent qui coule dans une faille transversale, coupant obliquement le plateau du Sud-Est au Nord-Ouest, pour se jeter plus loin dans le Fier, affluent du Rhône.

L'altitude des champs et des habitations de ce petit pays varie de 580 à 1,100 et même 1,200 mètres. Ses cimes les plus altières ne dépassent pas 2,300 mètres au dessus du niveau de la mer. Pas de neiges éternelles, beaucoup de forêts et de pâturages ; partout un air vif et salubre, que respire une population dont le chiffre, de 8,000 à 9,000 aujourd'hui, a oscillé entre 6 et 14,000 ; gens accoutumés depuis des générations à entendre les prônes en langue française, mais parlant usuellement le patois savoyard, qui est malheureusement en recul ; quoique fortement empreint de latinité, il semble conserver nombre de termes d'origine celtique.

Ces gens sont les *Boujus* ou habitants des *Bauges*, le nom spécial de ce pays, qui fut écrit quelquefois *Boges*, *Bougeries*, et, dans les vieux textes latins, *Boyæ*, *Boggæ*, *Bogiæ*, *Bogeriæ*. Ou encore, *Boviciæ*, *Boviliæ*, *in Bovillis*, *Vallis bovil-*

lium, vallées, pays des bœufs, des étables ; mais on a pu observer, avec raison, que ces dernières appellations ne furent que des substitutions, relativement tardives (xive siècle), dues à la principale industrie du pays, l'élevage des bestiaux, et à une quasi homonymie avec le nom originel des Bauges.

Le chanoine Morand (*Les Bauges*) fait dériver ce nom du celtique *bog*, tanière, repaire. D'autre part, les dictionnaires français donnent à *bauge*, s. f. dérivé du bas-latin *bugia, baugium*, le sens du « gîte que le sanglier se choisit dans les lieux humides et écartés » et aussi le sens de « nid de l'écureuil ».

Aucune de ces explications qui se présentent si facilement ne semble de nature à donner complète satisfaction, et il est permis de supposer que les *Bauges* (en patois Bôjé, *j* prononcé comme le *th* anglais, son très fréquent dans le dialecte savoyard) sont peut-être une désignation, celtique c'est possible, mais de signification inconnue, d'antiquité très reculée, remontant bien au delà de la naissance de la langue française et de ses patois, au delà de l'invasion du latin, et qui se serait transmise avec fidélité et persistance, comme beaucoup de noms de lieux, tels que les *ar* de *Arcalod, Arména* et autres cimes élevées de ce même pays. *Bauges, Bôjé*, pourrait être apparenté à *Sapaudia, Sabaudia, Saboja, pagus Sabojensis*, c'est-à-dire Savoye, Savoie ; nom, *Sapaudia*, qui apparaît avec Ammien Marcellin, auteur latin du ive siècle. Sapaudia put désigner au début, non les Bauges elles-mêmes, mais des vallées voisines, du côté de Chambéry. Que signifiaient *Boja* et le préfixe *sa* ? Nous l'ignorerons probablement toujours.

Une des chaînes médianes de ces Bauges si bien déterminées par leur nom comme par les monts qui les enceignent étrangle le plateau, ne lui laissant guère que le passage frayé par son Chéran, et le divise en Hautes-Bauges ou Bauges de devant, au Sud — cinq communes — plus élevées, plus froides, aux combes plus étroites, et en Basses-Bauges ou Bauges de derrière, au Nord, — neuf communes — aux vallées plus larges, plus riantes, aux horizons plus étendus. A cet étranglement central, la montagne du Nord s'abaisse brusquement en un col où passe la grande route et se relève aussitôt par une pointe isolée, pittoresque, dominant le Chéran de quelques centaines de mètres, pointe que couronna longtemps un castel formidablement entouré de précipices. Au pied de ce nid d'aigle, sur le col et le long de la route se blottit la petite capitale des Bauges, le Châtelard, « Chastellard de Bauges », en latin *Castellarium, Castellario in Bogis, Castellarii Boviciarum*.

Il est à présumer qu'aux époques primitives, les habitants se réfugiaient sur le monticule, à l'emplacement même qu'occupa plus tard le château fort. Puis quand des seigneurs s'y établirent, les gens durent descendre et construire leurs chaumières au pied de la colline, dans une position encore très forte, que le château protégeait d'un côté et des pentes très raides de tous les autres côtés ; là où sont de nos jours l'église, la cure, les deux cimetières et les jardins immédiatement voisins, où la terre, peu épaisse, de ces jardins, recouvre quantité de substructions, où subsiste la vieille ruelle dite de Revet ou Revel, qui garde peut-être un nom primitif du village : celui de Châtelard dérivant évidemment du latin. Et ce nom de Revel n'aurait qu'une homonymie fortuite avec celui de la noble famille de Revel qui ne parût que tardivement dans les Bauges. au XVIIIe siècle.

Une sécurité plus grande, quoique encore très relative, s'établissant, probablement après ce Xe siècle qui fut signalé, parait-il, par les terribles ravages des Sarrasins, le bourg dut enjamber ses murs, atteindre la route au haut du col, et s'étendre d'abord du côté du Sud où sont les écoles actuelles, côté moins exposé aux invasions et que protégeait encore, à quelques centaines de mètres, le fort de l'Etoile. Peut-être alors le bourg était-il défendu, au Nord du col, par des fossés que mentionnent de vieux textes, sans les situer. Bien avant le XVIIe siècle il avait dû franchir ces fossés, s'étendre le long de la route, au moins jusqu'au débouché de la rue de Revel sur la principale place actuelle. Puis l'incendie de 1644, qui le dévora presque complètement, eut pour résultat de faire délaisser de plus en plus l'emplacement qu'occupent aujourd'hui les jardins autour de la cure ; et, la sécurité étant assurée, le village s'allongea non plus vers le sud, mais au nord, du côté des champs et des granges, presque toutes traditionnellement construites au hameau de Mellessine. Le Châtelard s'étendit dès lors à flanc de montagne, des deux côtés de la route, rue unique plus étroite que la rue actuelle. Il accolait péniblement ses maisons, couvertes en chaume remplaçant les vieilles *ancelles* (planchettes de sapin), aux rochers appelés les *Batailleux* ou bien les suspendait sur les pentes très raides des prés de la *Côte*. Un dernier incendie, en 1867, devait les faire reconstruire plus modernes d'aspect, et les faire même descendre en partie jusque sur le plateau du Pré de Foire.

Une expression très ancienne, celle de « Bourg vieux », déjà mentionnée en 1432, à propos d'un certain *Matheus de Burgo veteri*, Mathieu du Bourg vieux, bourgeois du Châtelard, dut probablement désigner des emplacements différents, et peut-être, à cette époque, le haut du pays, vers la cure. Mais avant l'incendie de 1867 et depuis longtemps déjà ce nom de Bourg vieux (en patois, *Borvis*) désignait spécialement de massives arcades formant les halles publiques au haut du col et recouvertes de maisons qui s'appuyaient aux rochers des Batailleux, à côté du point de départ de la vieille route escarpée, qui seule conduisait au hameau du Mont du Châtelard.

Petite capitale de ce pays des Bauges qui fut successivement, dans les temps éclairés par l'histoire, une châtellenie relevant directement, jusqu'au XVIe siècle, des princes de

Savoie, puis un mandement de la Savoie et enfin un canton de France, le Châtelard, dont la vie sociale semble avoir été plus intense dans le passé que de nos jours, avait reçu, dès 1301, du comte Amédée V, le Grand, des franchises, le droit de s'administrer lui-même. Incendié peu après par l'ennemi et même son château fort pris, repris et dévasté, lors des guerres entre Savoyards d'un côté, Dauphinois et Faucignerans de l'autre, le Châtelard dut redemander au comte Édouard le renouvellement de sa charte, brûlée en ces calamités; ce que ce prince accorda de bonne grâce à ses « chers bourgeois et habitants du Châtelard de Bauges », en 1324.

En dépit de la dûreté des temps, même des années de misère comme le fut l'an 1346, les bourgeois du Châtelard firent encore confirmer et étendre leurs privilèges, en 1391, moyennant finances, c'est-à-dire par promesse de payer en sept années la somme de quinze cents ducats d'or pour le rachat des offices comtaux.

En 1411, on recensait au Châtelard quatre-vingts *faisant feu*. En cette même année, le seigneur ecclésiastique, prince-évêque de Genève, « visiteur », constata *de visu* et ordonna au curé de faire cesser, sous peine d'excommunication, un « étrange abus » : la tenue des marchés sur le cimetière. Probablement la place faisait défaut, le bourg était encore resserré autour de la cure (qui elle-même tombait en ruines); et la chapelle extérieure du château servait de paroisse.

D'ailleurs le site du Châtelard fut toujours pittoresque mais plutôt incommode et mal favorisé par le développement ultérieur des voies de communication. Et la population (340 âmes environ en 1908) put osciller constamment entre ces deux limites, 200 et 500 âmes. Les divers hameaux de la commune, qui est assez étendue, doublent et au-delà le chiffre du bourg.

*
* *

En ce petit bourg se trouve fixée, si haut qu'on puisse remonter, la famille Aymonier, la plus ancienne, selon une tradition conservée, du pays, avec la famille Descalelis qui reparaîtra dans cette monographie.

Ce nom, Aymonier, vient évidemment du nom personnel Aymon, avec adjonction d'une vieille désinence *ier*, comme Charlier de Charle, Jacquier de Jacque, etc.

Le premier Aymon connu est ce prince des Ardennes, Saxon d'origine, qui obtint de Charlemagne le gouvernement du pays dont Alby était la capitale, avec le titre de duc de Dordogne, et qui fut le père des quatre preux qu'un roman de chevalerie a célébrés sous le nom des *quatre fils Aymon*. Comme nom personnel, Aymon fut fréquemment porté au moyen âge, en Savoie et dans les pays voisins. Du XIe au XVe siècle surtout, les personnages, nobles, évêques, moines, et même les roturiers quand on daignait les mentionner, du nom d'Aymon, se rencontrent à chaque instant dans les documents de l'époque. On peut relever, entre une foule d'autres, des Aymon, de Savoie, de Lescheraines, de la Compôte, etc., un Aymon de Clermont, gérant la châtellenie du Châtelard, et Aymon, fils de Hugues du Châtelard, qui fit en 1344 une reconnaissance en faveur du comte Amédée VI de Savoie. La forme Aimon se rencontre, mais beaucoup plus rare. Il y avait aussi des Aymonet et des femmes Aymonette.

Donc, lorsque l'usage s'établit, vers les XIe et XIIe siècles, de conserver aux enfants les noms, surnoms ou sobriquets des parents, d'en faire dès lors des noms de famille, un nom aussi répandu que celui d'Aymon et ses dérivés, dut donner naissance à plusieurs noms de familles : Aymon, Aimon, Aymonet, Aymonin, Aymonini, celui-ci outre-monts, et Aymonier, en latin Aymoneri.

Sans être très répandu, ce dernier se rencontre en dehors de la famille Aymonier du Châtelard. Ainsi, en 1471 paraissent, mais sans descendants connus, des Aymonier à Lescheraines en Bauges : dom Aimon Aymonier et Antoine, fils de Claude Aymonier, les deux sont moines ou prêtres. La proximité, guère plus d'une lieue, entre le Châtelard et Lescheraines, permet de supposer qu'ils appartenaient à la même famille. Mais semblable supposition, sans être impossible, serait déjà plus risquée pour des Aymonier qui existent, dit-on, de nos jours, dans l'un des hameaux de la commune d'Aix-les-Bains, donc à sept lieues du Châtelard.

De vagues traditions mentionnent encore des Aymonier *Damot*, c'est-à-dire d'amont, d'en haut, du côté des rochers Batailleux et des Aymonier *Davat*, c'est-à-dire d'aval, d'en bas, du côté des prés de la Côte ; et une famille Davat n'aurait peu à peu guère conservé que ce sobriquet. Mais rien, dans les papiers consultés, ne permet d'établir un rattachement quelconque entre ces Davat d'Aix-les-Bains et les Aymonier du Châtelard.

Enfin, une famille du même nom existe dans le département du Doubs, sur laquelle un de ses membres, M. Camille Aymonier, professeur de Lycée, à Paris, donne les renseignements suivants :

« Ces Aymonier habitent depuis un temps immémorial la commune des Fourgs, gros village de 1300 habitants situé sur les hauts plateaux et au pied des dernières cimes du Jura, à une dizaine de kilomètres de Pontarlier et à trois kilomètres de la frontière suisse. Les gens des Fourgs portent le nom spécial de *Bouris*. Ils ont toujours été et uniquement des agriculteurs. Généralement laborieux, économes, durs à la peine, durs pour eux-mêmes, très attachés à leur sol, à leurs forêts, âpres à défendre leurs droits et leurs libertés, ils ont une réputation d'esprit narquois et d'habileté, de ruse en affaires. Un des traits les plus marqués de leur caractère est leur profonde foi religieuse.

« Les origines des Fourgs sont assez incertaines : Au XIIe siècle, Henri de Joux, pour défricher ces régions sans doute encore non peuplées, fit appel à des Romans en leur offrant des conditions avantageuses et des franchises assez rares à l'époque. Ces Romans venaient du pays de Vaud. Quelque temps après, il y eut un habergement nouveau concédé à des Allemands et aux mêmes conditions.

« Les archives de la commune ne remontent pas au delà de 1409. En toutes pièces importantes figure le nom des Aymonier. Dans une pièce de 1559, qui est la charte de la constitution républicaine de cette petite cité, — car les habitants des Fourgs, très indépendants, très jaloux de leurs libertés, connurent alors la République, et le nom et la chose, — on relève, parmi les noms des 49 chefs de famille ou principaux citoyens par qui fut élaborée et sanctionnée cette constitution, sept Aymonier, prénommés : Jehan fils de Claude, Anthoine, Denis, Nicolas, Claude dit Girard, Claude fils de feu Jehan, Pierre dit le Bossu. Sur les registres de l'église, les Aymonier s'inscrivent en première ligne pour leurs générosités envers l'église ou pour les donations de messes à perpétuité.

« L'hypothèse que ces Aymonier venaient de Savoie est fort vraisemblable. Le pays de Vaud ayant appartenu pendant deux siècles aux comtes de Savoie, des Savoyards nombreux durent s'établir dans ce pays. Or les Fourgs ont toujours eu des relations régulières avec le pays de Vaud dont ils sont les voisins. Avec leurs voisins immédiats de Sainte-Croix, gros bourg dépendant jadis des comtes de Savoie et actuellement suisse, ils vécurent intimement unis. Avant que les Fourgs eussent une église, c'est-à-dire avant 1412, ils allaient le plus souvent aux offices religieux à Sainte-Croix et ils enterraient souvent leurs morts à Sainte-Croix, Pontarlier étant trop loin. »

Faut-il donc admettre une commune origine et des migrations remontant plus haut que le XVe siècle, ou bien l'hypothèse que ce nom de famille, dérivé d'un nom personnel très usité jadis, a surgi spontanément, naturellement, en divers points plus ou moins éloignés les uns des autres ? La question n'est pas soluble actuellement.

Une dernière observation à propos du nom. Les Aymonier du Châtelard ont constamment écrit leur nom sous cette forme, sauf depuis quelques générations, au XIXe siècle, où plusieurs membres employèrent l'orthographe fautive Aimonier. Même alors, l'aîné par ordre de primogéniture, possesseur des vieux papiers de la famille, continua à maintenir la forme exacte, et ses fils à sa suite, puis les autres membres. Fait remarquable, on ne rencontre jamais dans les papiers du passé, ce nom avec deux *n*, Aymonnier, alors que tant de protes ou d'écrivains de nos jours ont tendance à l'écrire ainsi.

*
* *

Ces papiers de famille, transmis par ordre de primogéniture et sauvés de l'incendie de 1867, avaient été consultés par Charles-François, dit Félix (1839-1885), qui les utilisa pour dresser un premier tableau généalogique. Le chanoine Morand, dans son ouvrage sur les Bauges (III, 339-345), reproduisit à peu près ce tableau et le fit suivre d'une courte esquisse historique ; le tout lui ayant été communiqué, paraît-il, par le Dr Louis Guilland qui tenait sans doute ces renseignements de son cousin Félix Aymonier.

En 1908, déférant bien tardivement à un désir que Félix lui avait formulé dès 1881, son cadet, Etienne, examina ces respectables paperasses pour tâcher d'en extraire une monographie de la famille. Il constata l'absence des plus anciennes pièces que Félix, notaire, donc à même de consulter les minutes, avait dû recueillir personnellement ou connaissait au moins, ce qui ressort de quelques annotations écrites de sa main. Etienne se borna à reprendre sur le livre de M. Morand l'analyse de ces vieux textes et à relever soigneusement les brèves mentions qu'en font des papiers de dates plus récentes.

Ne disposant que d'un temps très limité à consacrer à ce travail d'un caractère très spécial, l'auteur de cette petite monographie s'en est tenu presqu'exclusivement à l'examen de ces papiers de famille ; papiers d'ailleurs très nombreux, à partir de l'an 1603, date du mariage de ce Jean Aymonier qui devait être le chef de la lignée actuelle. N'étant pas l'aîné, ce Jean ne reçut probablement pas le dépôt des pièces et actes antérieurs. Mais, à partir de lui, nos aïeux se font assez régulièrement délivrer et conservent de père en fils aîné des expéditions authentiques, sur papier timbré, et signées des notaires, et ils y joignent de nombreux actes sous-seing privé. Tout n'y est pas certes, aujourd'hui, mais il y a beaucoup, suffisamment pour établir une esquisse historique, qui doit-être, après tout, proportionnée à la modeste importance de la matière.

Donc, les actes, généralement notariés, dûment « cancellés » (timbrés), plus rarement sous seing-privé, sont nombreux et de toute nature : achats, ventes et échanges d'immeubles, transactions, conventions, obligations, procurations, cessions de droit, reconnaissances, emprunts, quittances, reçus, certificats, etc., et surtout les plus importants de tous : contrats de mariage et testaments. On y rencontre aussi des pièces de procédure, des exploits d'huissier à la requête des *exacteurs* ou contre ces *exacteurs*. — On appelait ainsi ceux qui *exigeaient*, c'est-à-dire les percepteurs municipaux des impôts, tant de l'état que de la commune ; leur office temporaire, obtenu à l'adjudication, relevait de la chambre souveraine des comptes de Savoie. — Puis des ordonnances et sentences, soit du juge du mandement (canton), soit du Juge-mage (d'appel), ou du Sénat de Savoie (Cour suprême) à Chambéry. Enfin un acte d'*esganne*, terme dont la signification précise nous est inconnue, mais qui semble bien être une sorte de concordat judiciaire.

Parmi ces documents, il en est qui se rapportent aux affaires de la commune, soit que des membres de la famille aient contracté avec la communauté, soit qu'ils aient rempli des fonctions publiques : ceci était le cas le plus fréquent. Ils furent souvent syndics (maires), charge généralement annuelle, ou conseillers municipaux, — qui, pour les affaires ordinaires du bourg semblent avoir été au nombre de quatre, le syndic cinquième ; les règles ont dû varier d'ailleurs. — Dans les cas plus importants, ces conseillers conféraient au préalable avec les principaux communiers. Et il était de règle, pour les cas graves, ou si les finances communales devaient être engagées, « d'establyr et constituer » c'est-à-dire de réunir personnellement pour engagement, le dimanche, à la sortie de la messe de paroisse, soit sur le cimetière, soit sur la place publique ou sous les halles, les communiers et habitants du bourg « excédant les deux parts de trois, lés trois faisant le tout » ; — c'est-à-dire que les deux tiers au moins des chefs de famille devaient être présents pour que la délibération fût valable —, « tous lesquels de leurs bons grés et d'une même voix et même assemblée, et agissant tant à leur nom que des autres communiers d'icy absents » donnent etc. ou promettent par serment, etc.

De l'examen de ces actes se dégage, par parenthèse, l'impression très nette qu'une commune d'autrefois, surtout une commune affranchie de bonne heure comme le fut le Châtelard, jouissait vis-à-vis du pouvoir central d'une indépendance plus grande que n'en ont les municipalités de nos jours ; mais aussi que la sagesse de ces bourgeois les rendait dignes de leurs franchises, ce que prouveraient à maintes reprises d'intelligentes discussions engagées sur des sujets très divers.

Ces actes de la municipalité étaient, le cas échéant, dressés par les notaires, car ces officiers ministériels, comme les notaires d'aujourd'hui, rédigeaient les actes publics ou particuliers. Nommés à vie moyennant une redevance annuelle, leur fonction se transmettait quelquefois dans la même famille pendant plusieurs générations. Les minutes devaient être écrites entièrement de leur main ; les expéditions délivrées aux parties sur leur demande pouvaient être d'une main étrangère, mais devaient porter au moins la signature du notaire toujours accompagnée d'un paraphe prétentieux et compliqué.

On relève dans ces actes notariés des particularités, des traditions intéressantes qui s'affaiblissent au XVIIIᵉ siècle pour disparaître à peu près avec la Révolution.

Au dos était inscrit l'énoncé de l'acte et le montant des frais, pour émolument, labeur, papier, timbre, tabellion, etc.

Au lieu de dire dans ma maison, dans mon étude, ils disent le plus souvent « dans ma banche ».

Les terres sont confinées du côté du levant, du couchant, de bise (nord) et de vent (sud).

Nos ancêtres sont qualifiés d' « honnête » ou « honorable » un tel. On spécifie toujours fils de tel ou de feu tel, remontant même à l'aïeul, si pères et fils ont mêmes prénoms des deux côtés, coutume qui facilite beaucoup l'établissement ou la vérification des généalogies.

Le nom des femmes et des filles est constamment, à la mode italienne, précédé de l'article *la*. Cet usage ne se perd dans les actes qu'au XIXe siècle. De nos jours, il se maintient encore partiellement dans le langage courant en français, et il est constant en patois. Il sera souvent suivi ici.

En général, les parties contractantes s'établissent et se constituent personnellement par devant le notaire soussigné et présents les témoins basnommés. Le paiement peut être fait au comptant « en bon or et bonne monnoye que le dict vendeur a vérifié, retiré, emboursé et emporté » au vu du notaire et des témoins « à son consentement, dont quitte l'achepteur à peine de tous damps, s'estant, à ces fins dévestu de ce que dessus vendu et ayant l'achepteur investu par la tradition (le bail, la rémission) d'une plusme à escrire à la manière accoutumée ». (Donc, il était d'usage qu'une plume d'oie symbolique fut remise séance tenante par le vendeur à l'acheteur). Le vendeur garantissait la propriété, les immeubles de tout trouble, pour « les avoir, tenir, jouïr, gaudir et perpétuellement posséder par ledict achepteur et les siens ». Quelquefois, la vente est faite « tant soubs les servis deubs (dûs) au seigneur qui mieux informera que le vendeur ignore par serment pour n'avoir reconnu ».

Si la vente n'est pas faite au comptant l'acheteur « promet par la foy du serment presté sur les Saintes-Escriptures de Dieu touchées entre les mains de moy notaire et à l'obligation de sa personne et de tous ses biens présents et advenir quelconques qu'il se constitue aux fins de payer »,... à peine de tous dépends et dommages-intérêts.

Outre leurs traits spéciaux, les contrats de mariage reproduisent à l'occasion la plupart de ces formules des transactions d'immeubles.

Les filles, peu favorisées, recevaient des dots relativement très faibles, les héritages allant presque en totalité aux mâles.

Les chiffres de ces dots, à peu près entre 150 et 450 florins, indiquent que la famille s'est maintenue constamment dans une modeste aisance; car si cette aisance était occasionnellement réduite par les partages entre plusieurs garçons, qui étaient toujours placés sur le même pied, ou par des opérations malheureuses, ce qui semble avoir été le cas vers 1630, l'énergie des fils et des petits-fils, leur admirable esprit d'économie, rétablissaient promptement la situation antérieure. Donc ni pauvres, ni très riches. D'ailleurs temps et pays ne comportaient guère la fortune. En Savoie, — et à plus forte raison dans les Bauges —, un bourgeois passait pour riche avec 1,000 écus de capital et 400 florins de revenu. Les monnaies : florins, livres, sols, deniers, ont souvent varié de valeur. Ainsi au XIVe siècle, le florin valait 12 fr. 44 c. de notre monnaie et équivalait, comme puissance d'achat, à une cinquantaine de francs sous le second Empire et à 60 ou 70 francs de nos jours.

On voit aussi combien ces femmes si modestement dotées, avaient une situation morale forte et respectée. La dot que leur constituaient leurs parents était inaliénable, ainsi que l'accroît ou augment que, selon la coutume, l'époux y ajoutait en le prenant sur ses biens propres. Le mari testant ne manquait guère, en outre, de léguer à sa veuve l'usufruit ou la propriété d'une partie de ses biens.

Comparant et résumant les contrats de mariage, on les ramènerait à peu près au formulaire suivant, qui adopte l'orthographe actuelle.

« L'an X et le X jour du mois de X. Comme ainsi soit que mariage ait été traité par paroles de futurs et devra, Dieu aidant, être dûment solemnisé et accompli, en face de Notre Sainte-Mère l'Eglise, entre A. d'une part et la B. d'autre, lesquels ont promis, par serment, de se prendre et épouser toutes fois et quand l'une partie en sera requise par l'autre, à peine de tous « damps ».

Or, d'autant que de tout temps a été notre bonne et louable coutume, observée en ce présent pays de Savoie, de constituer de la part des filles dot en mariage au mari, afin de pouvoir plus aisément supporter les charges occurentes au mariage. A cette cause, s'est établi en personne (le père, ou la mère ou un frère ou simplement la future elle-même), lequel de son bon gré, pleine et franche libérale volonté, pour lui et les siens, donne, baille et constitue en dot de mariage et pour dot de mariage audit A. époux avenir ici présent et acceptant pour lui et les siens à savoir, la somme de X florins, monnaie courante de Savoie. Ensemble, pour le « trossel (trousseau) et fardel » : suit l'énumération des robes de couleur, de drap du pays, des jupes de « rattine, de pierrelate, de sarge (serge) ; des brassières, des corps (corsages), des cotillons, chemises, tabliers, etc., de ritte, ou de toile commune ou de cottonine bleue ou de sarge de londre ou de sarge Dieu-le-fils, tantôt neufs et de « fresche cousture », tantôt presque neufs, tantôt mi-usés. Puis un mantil (manteau), une couverte (couverture) de lit, un tour de lit avec rideaux et franges, un coussin de plumes ou cinq florins, des linceus (draps de lit) de trois aunes et demie. Quelquefois une *moge* (génisse) et des *bichettes* (mesures) de froment accentuent la couleur locale.

La dot, estimée en florins, peut être remise en espèces, ou représentée, en totalité ou en partie, par des immeubles, ou encore par une obligation totale ou partielle faite simultanément et jointe au contrat.

Et c'est pour tous droits à réclamer sur l'hoirie des parents, pour toutes prétentions paternelles, maternelles, fraternelles et sororinelles quelconques. Donation irrévocable en est faite aux mariés ; moyennant ce ils se tiennent pour contents et satisfaits, promettent par serment de ne plus rien demander en jugement ni dehors, à peine de tous dommages et intérêts.

Et en contemplation du présent mariage, agréable audit futur, considérant la bonne amitié, l'affection, l'amour qu'il porte à ladite future, et les bons et agréables services qu'il espère recevoir d'elle, de son bon gré, franche et libérale volonté, pour lui et les siens, il donne et constitue en accroît, mellieurement et augmentation de mariage, à ladite épouse future, ci-présente, humblement le remerciant et acceptant pour elle et les siens, savoir la somme de X florins (la moitié environ de la dot donnée par la famille de la femme) monnaie susdite, suivant les bonnes coutumes de ce pays.

« Lesquelles sommes, dot, augment, trossel et fardel, promet ledict futur espoux, par foy et serment, de rendre et restituer à la future espouse ou aux siens, en tous cas de restitution de mariage advenant, que Dieu ne veullie (*ou bien*, qui n'adviendra Dieu aydant) ».

Et pour instituer assurance de ladite restitution, ores et pour lors, audit cas advenant, le futur, de son gré, assigne et hypothèque spécialement et généralement sur tous ses biens, meubles, immeubles, présents et avenir, biens que la future tiendra et possèdera par droit de gage et hypothèque ; les fruits et prises n'entrant pas en sort et diminution du capital, iceux fruits et prises lui étant donnés par donation perpétuelle et irrévocable faite entre vifs, avec dévestiture et investiture par la remission d'une plume à écrire à la manière accoutumée.

Serment et respectivement prêté entre les mains du notaire sur les saintes écritures de Dieu touchées, de tenir le présent contrat dotal et son contenu pour toujours ferme et agréable, de l'observer en jugement, de renoncer à tous droits, lois, voies et moyens par lesquels il serait contrarié directement ou indirectement. Fait, à... etc. (et signatures).

Les testaments et leurs prescriptions impératives attestent les sentiments d'ordre, de piété qui animaient nos aïeux. On a beau se dire que les formules de ces dernières volontés étaient usuelles, protocolaires ; elles restent émouvantes quand même : ces rites excluant toute idée de banalité et faisant ressortir une foi profonde.

Selon leurs moyens, ils font de légers legs aux confréries

de la paroisse : à la confrérie du Saint-Sacrement, fondée en 1387, à Genève, et dont les membres portaient chacun une torche de cire à la procession de la Fête-Dieu ; un confrère décédant, les autres assistaient en corps à ses funérailles, faisaient des aumônes aux pauvres, récitaient pour lui vingt-cinq *pater* vingt-cinq *ave*. Ou encore à la confrérie du Saint-Rosaire, fondée au XIVe siècle dans la chrétienté et très répandue ; elle avait des biens fonds ; ou, à défaut, ses membres payaient annuellement une cotisation de six à huit sous ; et ils étaient tenus de dire le Rosaire à des jours fixés.

On ne voit pas de legs destinés à la troisième confrérie locale celle du Saint-Esprit, fondée au XIIe siècle à Montpellier, dans un but charitable et religieux ; faisant des processions annuelles, distribuant des aumônes ; elle possédait des immeubles au Châtelard et on verra, au XVIIe siècle principalement, des membres de la famille s'occuper activement, en qualité de procureur, des affaires de cette confrérie.

De même que les contrats de mariage, les testaments de la famille comparés et ramenés à l'orthographe actuelle, donneraient un testament conçu à peu près dans les termes suivants :

« Au nom de Dieu soit, amen. L'an X et le X jour du mois de X. Comme ainsi soit que la vie et la mort de toutes créatures vivantes sont en la main et puissance de Dieu le créateur tout puissant, qu'il n'y a chose plus certaine à l'homme que la mort, ni rien de plus incertain que le jour, heure et événement d'icelle ; ce que dûment considéré par A. fils de feu A., étant dans son lit détenu de maladie corporelle (*ou* de vieux âge auquel il arrive), toutefois sain de ses sens, entendement, mémoire et connaissance, voulant qu'après son décès ne naissent entre ses enfants, parents et alliés, tant mâles que femelles, querelles, débats, différends et procès pour la possession et jouissance de ses biens et héritages, s'est établi en personne et d'une parole intelligible a ordonné et disposé des biens qu'il a plu à Dieu de lui impartir en ce monde, commandant au notaire soussigné, et présents les témoins basnommés, de rédiger par écrit sa dernière volonté et déclaration testamentaire.

« A quoi, comme bien avisé, et de son propre mouvement, de ses droits, noms et actions, a fait la distribution ainsi que s'en suit, qu'il veut et entend que observer de point en point par la force de son présent testament nuncupatif.

« Et, premièrement, comme bon chrétien, catholique, apostolique, romain, il a fait le signe de la Sainte Croix dessus son corps disant : *In nomine Patris et Filii et Spiritus sancti, amen.* Recommandant son âme, étant séparée de son corps, à Dieu notre créateur tout-puissant et Rédempteur, à la sainte et glorieuse Vierge Marie, à Messeigneurs Saint Jean-Baptiste (patron principal de l'église du Châtelard) et Saint Loup (patron secondaire de la paroisse) et à toute la cour célestielle et triomphante du paradis, d'implorer grâce et miséricorde de ses péchés. Ordonnant son dit corps être inhumé au cimetière de l'église du Châtelard, au lieu, place et tombeau de ses prédécesseurs parents défunts. Alors, que dites les messes, divins offices des trépassés, les obsèques, funérailles, neuvaines et annuels faits avec luminaire, selon ses facultés, qualités et moyens et à la coutume dudit lieu, et le tout payé par ses héritiers bas-nommés, lesquels ont promis de rendre leur devoir.

« Donne et lègue aux prieurs et confrères des confréries du très saint et auguste Sacrement de l'Autel et du Saint Rosaire de la glorieuse Vierge Marie érigées dans ladite église du Châtelard, X florins (ou X sous), moyennant quoi il prie les confrères et sœurs de faire quelques prières pour le repos de son âme et assister en corps à sa sépulture. »

Suit, le cas échéant, la disposition relative à l'usufruit des biens.

Puis les legs particuliers, argent et effets, aux filles non encore mariées, legs payables à leur mariage dans les termes (délais) à convenir par les parents et bons amis. Jusque là elles seront nourries, vêtues, entretenues honnêtement dans la maison avec les héritiers « en travaillant de leur petit pouvoir ». En cas de mort les héritiers universels leur sont substitués. Et ces filles ne doivent prétendre à aucune autre partie de l'héritage.

Si les filles sont déjà mariées, elles ont été dotées, alors il leur est légué une somme minime, quelques florins ou quelques sous, payables un an après le décès et moyennant ce elles sont formellement exclues de la succession.

Ensuite est prévu en ces termes le cas de tout parent connu ou inconnu pouvant élever une prétention quelconque à l'héritage : « Item donne et lègue ledict testateur à tous autres de sa parenté et consanguinité prétendant droit à son héritage, à chacun d'iceux faisant apparoir leurs légitimes droits la somme de trois sols pour une fois, à eux payables par ses héritiers (universels) un an après son décès. Et moyennant ce, les prive, déjette et exclud de tous ses biens, droicts, noms, actions, et héritages quelconques. »

Et parce que le chef et fondement de tout testament consiste en l'institution particulière, universelle et héréditaire sans laquelle tout testament est comme nul et non fait. A cette cause, de sa pleine volonté et ainsi lui plaisant de faire, ledit testateur a fait, créé, institué et de sa propre bouche nommé son héritier universel, général, et particulier en tous et en chacun de ses biens, droits, noms et actions présents et à venir, à savoir A. (fils, petit-fils, neveu, etc., toujours héritiers mâles, à parts égales, s'ils sont plusieurs ; et substitués alors les uns aux autres en cas de mort sans enfants procréés en loyal mariage ; ou le fils non héritier est substitué aux petits-fils héritiers en cas de décès de ceux-ci), par lequel il veut, entend et

ordonne ses dettes, légats et frais funéraux être payés, satisfaits et accomplis sans figure de procès.

Cassant, révoquant et annulant ledit testateur, tous autres
testaments, donations et codicilles à cause de mort qu'il pourrait avoir fait ci devant. Voulant et entendant le présent, seul
bon et valable, être son dernier testament, sa dernière volonté
nuncupative. Et s'il ne vaut comme tel, veut qu'il vaille par
droit de codicille ou donation à cause de mort et par tous
autres droits, lois, voies et meilleurs moyens qu'il pourra ou
devra mieux valoir, tant de droit que de coutume. Priant les
témoins bas nommés, par lui convoqués et qu'il dit bien con-
naître, d'être souvenant du contenu de son présent testament
et d'en porter fidèle témoignage en temps et lieux qu'ils en
seront requis; et moi, notaire, d'en expédier les doubles et
clauses qui m'en seront demandés.

Fait et prononcé audit Châtelard, dans la maison dudit testateur, en présence de (noms, prénoms et filiation des témoins).

*
* *

D'après les papiers connus à ce jour, sauvés des incendies
trop répétés qui ont dû en consumer tant d'autres et des plus
vieux, la famille Aymonier apparaît au début du xve siècle et
occupe une situation importante en ce Châtelard où elle devait
déjà être très ancienne. Dès lors, on peut la suivre pas à pas
dans ses nombreux représentants. Evidemment il faut admettre des lacunes en ce qui concerne les filles, les enfants morts
en bas-âge et les branches éteintes. Mais, chose essentielle, la
filiation de tous ceux qui perpétuèrent la famille est parfaite-
ment établie. Ceux-là, jusqu'au dernier aïeul commun des
branches actuelles inclus, seront distingués ici par des lettres
majuscules et même par des numéros d'ordre. Le tableau A
donne ainsi les noms des six premiers ancêtres directs connus.
Les dates jointes aux noms sont des dates de repère se rappor-
tant à un acte ou à un événement concernant les divers personnages.

Donc, vers 1430, paraissent deux frères, Pierre et Etienne
Aymonier, bourgeois du Châtelard, chefs de famille faisant feu
et payant le subside levé par le duc Amédée VIII, à l'occasion
du mariage de sa fille Marguerite avec Louis d'Anjou, roi de
Sicile et de Jérusalem. Cette taxe était de 20 deniers gros de
Savoie payables après la Saint-André 1432 et 12 deniers après
la Saint-Michel 1433.

Pierre, l'aîné, semble avoir été appelé quelquefois Humbert
(Petri Aymonerii *alias* Humberti), ce qui permettrait de supposer un père ou un grand-père portant ce prénom. Il avait
acheté, le 18 novembre 1427, au prix de 100 florins, la secrétairerie de la justice du Châtelard. De même que les greffiers
de justice de paix de nos jours, ces secrétaires greffiers ins-

crivaient sur des registres spéciaux les actes publics, les procédures judiciaires, plaidoiries, jugements, délivraient des copies signées et percevaient des émoluments calculés sur le nombre des feuilles.

(TABLEAU A) *Les Premiers aïeux connus.*

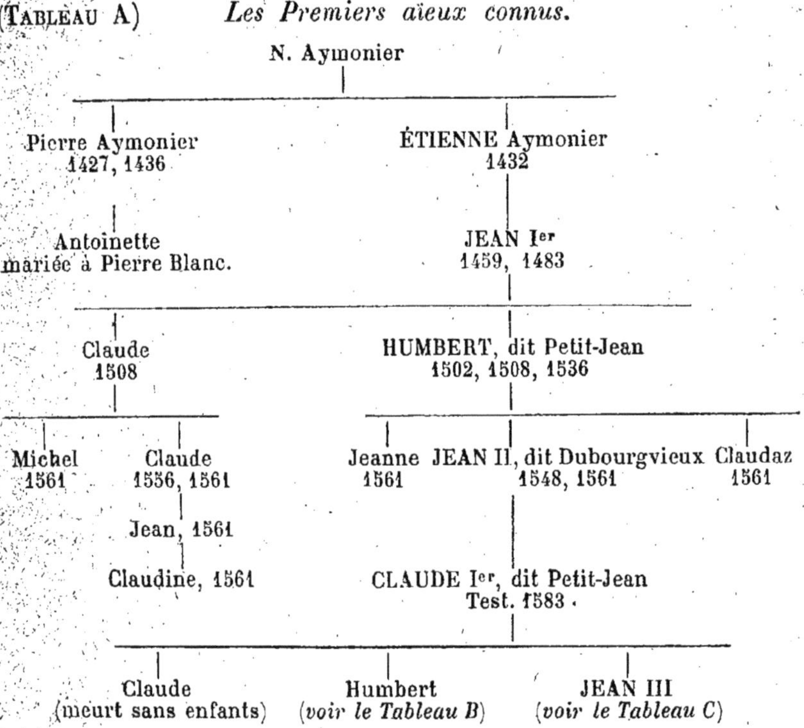

Pierre revendit cette secrétairerie, au même prix de 100 florins, le 14 mai 1433, et devint notaire. On le voit requis, comme honnête notable, de prêter serment pour donner une attestation, une référence, en faveur de deux nouveaux habitants du pays.

Le 20 octobre 1436, Pierre Aymonier, notaire et bourgeois du Châtelard, passa par devant le commissaire d'extentes, — c'est-à-dire le notaire chargé des affaires princières, — Jacques Prudhomme, « une reconnaissance d'affouage en faveur du duc de Savoie. Par cet acte, il déclare tenir en fief des biens ayant appartenu précédemment à noble Lyonette de la Compôte, veuve d'Hugonet Patet d'Ecole, le quart indivis avec Françoise, fille de feu Hugonet Loup et avec noble Claude de Mouxy et Marguerite sa femme, d'un chosal de maison, situé jouxte les limites du château du Châtelard et jouxte le chosal de Lyonette de Leschaux, de même que son affouage dans les communaux du Châtelard, le tout, sous le servis

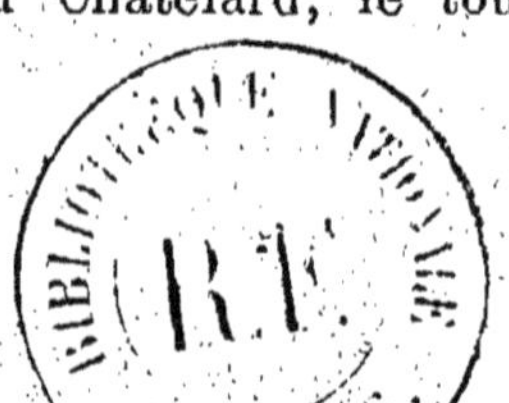

annuel de deux deniers forts, payables à la fête de Saint-André, apôtre. » (Morand, *Les Bauges*, III, 341).

Cet acte fut, pour la famille tenant à ses droits traditionnels, une source de procès qui devaient se terminer seulement en 1792; mais contribua-t-il peut-être à nous alimenter de documents.

Pierre n'eut qu'une fille, Antoinette, qui épousa Pierre Blanc.

ÉTIENNE (Stephanus), son cadet, fut le chef des longues lignées de descendants reportés dans nos tableaux généalogiques. Il eut un fils portant le prénom de Jean.

JEAN Iᵉʳ, fils d'Etienne Aymonier, maréchal et bourgeois du Châtelard, paraît dans des actes dressés par le notaire Descaletis en 1459 et 1483. Le 19 novembre 1461, il renouvela, Nicod Brunet notaire, la reconnaissance d'affouage faite en 1436 par son oncle Pierre.

En 1470, il dut voir remplacer, probablement par suite d'incendie du bourg, la chapelle extérieure du château, servant jusqu'alors d'église et de cure, par une cure et un clocher qui s'élevèrent là où sont les bâtiments actuels de ce nom et une église qui fut jusqu'en 1830 accolée au nord du clocher.

En cette même année, 1470, Saint Jean-Baptiste est reconnu pour le grand patron de la paroisse et Saint Loup le patron secondaire. L'évêque d'Annecy, prince de Genève, fait une tournée pastorale au Châtelard et visite la chapelle de l'hôpital fondée par les bourgeois du lieu.

Les temps étaient durs cependant; la charte de la duchesse Yolande, en 1477, dit que le bourg était désert et presque entièrement inhabité (*vacuus populo et inhabitatus*).

Les certificats de la Chambre des comptes des recettes mentionnent Jean Aymonier en 1474, 1475, 1476.

En 1496, la régente Blanche de Montferrat, duchesse de Savoie, puis le duc Philippe II, octroient des chartes plus étendues aux syndics, hommes et communiers du Châtelard.

JEAN Iᵉʳ laissa deux fils, Claude et Humbert. Claude l'aîné eut de même deux fils, Michel, qui mourut sans enfants mâles et Claude, dont le fils, Jean, ne laissa qu'une fille, Claudine. Donc la descendance de cette branche issue de Claude, fils aîné de Jean Iᵉʳ, s'éteignit à la troisième génération; elle paraît dans un acte de 1561 dont l'auteur de cette notice n'a pas eu connaissance. Mais il a vu, dans un acte de 1633, la mention d'une Claudine, fille de feu Michel Aymonier, et femme déjà d'un certain âge, puisqu'elle est veuve d'un Bollard et mère d'un grand fils qui agit de concert avec elle pour une vente de terre.

HUMBERT, le second fils de Jean Iᵉʳ, était dit Petitjean, sobriquet qui resta pendant plusieurs générations dans sa descendance. Humbert figure dans des actes de 1502 et 1536. En outre, le 13 mai 1508, Claude et Humbert, fils de feu Jean Aymonier renouvellent, Bellon notaire, en faveur du duc Philibert de Savoie, la reconnaissance d'affouage dans les bois du Châtelard, qu'avait passée leur grand oncle Pierre et renouvelée déjà leur père.

En 1511, la dernière charte octroyée par les princes de Savoie fut donnée par le duc Charles III confirmant « les libertés, autorisations et privilèges des bien-aimés et fidèles habitants et communauté de la châtellenie du Châtelard », que ce duc devait, d'ailleurs, vendre la même année aux seigneurs de Luxembourg.

En 1516, l'évêque, prince de Genève, visite la chapelle du château des Bauges et l'hôpital du Châtelard qui est alors sous le vocable du Saint-Esprit et de Saint-Georges.

Puis, pendant vingt-quatre ans, de 1535 à 1559, la Savoie est aux mains des Français, dont la domination, assez douce d'ailleurs, amène des changements dans les municipalités, et un autre changement plus considérable peut-être : l'application *ipso facto*, en Savoie, de l'édit de François Ier, signé à Villers-Cotterets, en 1539, prescrivant le remplacement du latin par le français dans les actes publics.

JEAN II, le fils de Humbert Aymonier, est dit *Dubourgvieux*, paraît-il, sans doute pour le distinguer de ses cousins, fils de Claude. Il avait deux sœurs : une aînée, Jeanne et une cadette Claudaz. Il paraît en 1548 et en 1561. Cette dernière année est aussi la date d'un recensement du bourg, qui ne compte que 299 habitants. Jean y est mentionné comme chef de famille.

Dès cette époque, 1561-1565, le duc Emmanuel-Philibert, le vainqueur de la bataille de Saint-Quentin qui lui a fait recouvrer ses Etats, s'attaque énergiquement aux servitudes réelles et personnelles, progrès qui laissa dès lors moins d'importance aux vieilles franchises des bourgeois du Châtelard. Néanmoins, continuant les traditions de leurs aïeux, Jean Aymonier et ses descendants, pendant longtemps encore, se pareront de ce titre de bourgeois du Châtelard qui représentait ou avait représenté des droits très positifs.

CLAUDE Ier, dit Petitjean, fils de feu « Jehan » Aymonier paraît comme témoin dans une donation, faite à la confrérie du Saint-Esprit du Châtelard, le 20 mai 1573, Claude Mugnier notaire ; et aussi dans un autre acte de ce notaire, 1574.

Le 9 mars 1579, un acte d'échange de terres, prés et curtils (jardins) est dressé entre messire noble de Cerise, « maître auditeur à la chambre des contes (*sic*, pour comptes) de Savoye d'une part et Claude, fils de feu Jehan Aymonier, bourgeois du Chastellard d'aultre ». La fin de cette pièce manque et par suite le nom du notaire ducal qui dressa l'acte.

En 1582, eut lieu en Savoie l'adoption du calendrier grégorien. D'avance il fut proclamé et convenu que le 5 octobre 1582 serait compté 15 octobre. Les actes ont dès lors des dates nouveau style.

Claude Aymonier testa le 25 décembre 1583, Mugnier notaire. (Note de Félix, l'auteur n'ayant pas eu connaissance de cet acte important, non plus que du suivant). Il laissait trois fils, Claude, Humbert et Jean, qui firent leur contrat de partage le 25 mars 1593. En outre, des actes postérieurs mentionnent deux filles de Claude Ier, Jaquemine et Jehanne, auxquelles il avait fait des legs en son dernier testament. Mais on ne sait pas autre chose de ces filles.

*
* *

Des trois fils de Claude Ier, l'aîné, Claude, mourut sans enfants ; le second, Humbert, fut le chef d'une branche qui s'éteignit, fin du XVIIIe et commencement du XIXe siècle, et qui

(TABLEAU B)   *La branche éteinte.*

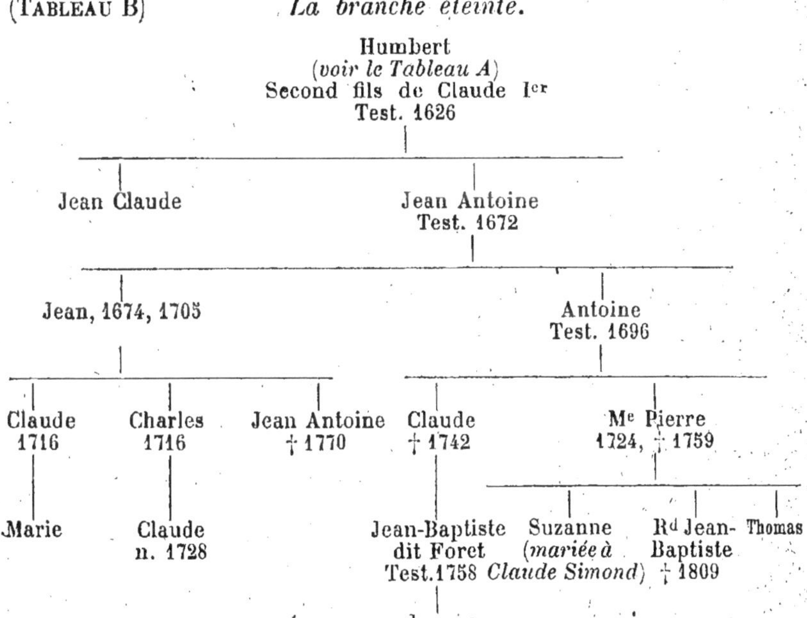

mérite un rapide examen avant de revenir à la lignée actuelle qui fut perpétuée par le troisième fils, JEAN III.

Humbert Aymonier, dit aussi Petitjean, maréchal, testa le 13 juin 1626, Claude Boisson notaire. Il laissa une veuve, la Claudinaz Bollard, et deux jeunes fils, hoirs mentionnés dès 1633 : Jean-Claude, qui mourut sans enfants, et Jean-Antoine. Celui-ci, « Jehan Anthoyne », paraît en plusieurs actes, 1649,

1653, 1654, 1670, etc., comme communier, comme voisin ou témoin des actes passés par ses cousins de la lignée actuelle. Il testa le 15 septembre 1672, Despine notaire, laissant deux fils, Jean et Antoine, qui sont mentionnés ensemble, comme propriétaires voisins, dans un acte de 1682, et comme communiers, 1688.

En outre l'aîné, Jean, paraît, de 1674 à 1705, en de nombreux actes relatifs aux affaires de la commune ou de ses cousins de la lignée actuelle.

Il mourut *ab intestat*, laissant trois fils, Claude, Charles et Jean Antoine, qui firent leur acte de partage le 5 juin 1716, Despine, notaire, et qui paraissent ensemble, comme communiers, dans un acte de 1728, Despine notaire.

L'aîné, « Claude, à feu Jean Aymonier », paraît aussi en plusieurs actes, de 1717 à 1763. Il mourut, laissant deux filles : Marie, mariée, contrat dotal du 3 juin 1732, Carrier notaire, à Antoine Charbonnier dit Coitoux, et Antoinette, qui épousa Aymé Charbonnier; contrat dotal du 21 janvier 1736.

Charles, le second fils de Jean Aymonier, paraît en plusieurs actes, de 1711 à 1735. Il mourut *ab intestat*, le 6 mai 1739, laissant un fils, Claude, né à Lyon, le 21 juin 1728 et qui mourut lui-même *ab intestat*.

Le troisième fils de Jean Aymonier appelé Jean-Antoine comme son grand-père, fut notaire et mourut sans enfants et *ab intestat* le 22 septembre 1770.

Cette branche aînée est éteinte. Mais sa généalogie offre-t-elle quelques lacunes? C'est possible, car à côté et en dehors des Aymonier de la lignée actuelle paraissent un Jean et un Claude Aymonier en 1776, puis un Pierre Aymonier en 1802, un Claude feu Jean Aymonier en 1803 et 1814, et sans descendants connus.

Antoine, le second fils de Jean Antoine, fut le chef d'une autre branche de cette descendance de son grand-père Humbert, branche qui devait s'éteindre comme la précédente.

Cet Antoine, maréchal, époux de Jeanne Boisson, paraît comme témoin dans un acte, 1688, de ses cousins de la lignée actuelle. Il teste le 15 septembre 1696 et laisse deux jeunes fils, Claude et Pierre, hoirs qui paraissent comme propriétaires voisins dans un acte de 1704 et qui font leur acte de partage le 6 avril 1725, Despine notaire.

L'aîné Claude paraît encore, communier ou témoin, en des actes de 1717, 1732. Il mourut *ab intestat* le 23 juin 1742, laissant un fils, Jean-Baptiste, dit Foret, qui fit des ventes ou des achats avec ses cousins en 1750, 1757, etc. Il testa le 31 janvier 1758, ne laissant qu'une fille, Jeanne, qui épousa Jean-Pierre Chauland, du Rocher, commune de la Motte.

Pierre, le second fils d'Antoine Aymonier, eut une existence plus mouvementée que ses cousins de cette époque.

En 1724, qualifié bourgeois de Paris, il épouse, en l'église de Saint-Eustache, Françoise Jourdain, originaire de Saint-Denis-des-Chaussons en Bugey. Contrat du 30 septembre 1724, légalisé en 1731. En 1735, il reparaît en son pays natal, comme sergent royal (huissier); il fait une convention en 1738 avec le marquis de Lescheraines qui lui passe procuration et il actionne en conséquence, paraissant dans divers actes, de 1740 à 1759. On l'a qualifié de notaire, ce qui n'est pas confirmé par les papiers examinés à ce jour.

Il mourut *ab intestat* le 7 mars 1759, laissant, avec sa veuve Françoise Jourdain, une fille, Suzanne, et deux fils, Jean-Baptiste et Thomas, hoirs qui paraissent en plusieurs actes, de 1759 à 1770.

Thomas mourut à Paris, on ne sait à quelle date.

On peut insister sur Révérend Jean-Baptiste, fils de Pierre, et le seul prêtre connu de la famille. Né le 5 février 1736, ayant reçu les ordres en 1763, il est vicaire à Saint-Donat-d'Alby en Genevois de 1772 à 1773 ; et de 1773 à 1785 il habite au château fort de Montpont à Alby. Le 5 septembre 1784 il fait un testament, Carrier notaire, en faveur de son neveu Etienne Simond. Et deux jours après, par devant le même notaire, il confirme une vente faite précédemment par sa mère à son cousin Claude (III), fils de Jean-Baptiste, de la lignée actuelle. Le 23 décembre 1785, il est nommé curé de la paroisse de Boussy, près de Rumilly. Emigré en 1793, il est arrêté vers la fin de la Révolution, détenu à Chambéry, puis relâché. Il se retire à Annecy, fait un nouveau testament le 10 mars 1807 et meurt dans cette ville le 7 mars 1809.

Quelques mots sur la famille Simond qui hérita de ce prêtre et qui fut la plus riche des Bauges vers le milieu du XIXᵉ siècle. La sœur aînée de ce Révérend Jean-Baptiste, Suzanne Aymonier, avait épousé en 1766 Claude Simond, né aux Aillons. Elle lui donna trois fils et deux filles. L'une de ces filles, Françoise, dite Françon, se consacra au service de son oncle le curé. Son frère aîné, Etienne Simond, épousa en 1790, contrat du 2 janvier, Carrier notaire, une parente éloignée de sa mère, Péronne, fille de Claude (III) Aymonier, de la lignée actuelle. A cette occasion le Révérend Jean-Baptiste Aymonier fit donation de biens à son neveu Etienne Simond.

Celui-ci eut trois enfants : Marie, dite Mion, qui resta fille, Joseph-François et Jean-Louis. Joseph-François Simond fut docteur-médecin et longtemps syndic du Châtelard. Il épousa Rosine Arminjon, l'héritière des biens du Martinet, dont il n'eut pas d'enfants. Jean-Louis, marié à Aspasie Trinquet, en eut un fils, Etienne, qui mourut poitrinaire à 27 ans en 1857. Désolés de la mort de leur unique héritier, les frères Simond firent venir au pays des parents de leur nom, descendants de Gaspard le dernier des frères de leur père.

De son côté, Madame Rosine Arminjon, née en 1708, femme

de caractère gai et enjoué, restée veuve par la mort du docteur Simond, en 1860, se trouvant trop isolée dans ses vieux jours, adopta virtuellement, vers 1867, un de ses propres parents, Charles-François, dit Félix, Aymonier (1839-1885), qui la soigna avec un dévouement tout à fait filial et qui hérita d'une grande partie de sa fortune, lorsqu'elle mourut en 1876.

* *

Cette petite digression a prolongé jusqu'à la seconde moitié du XIXe siècle l'esquisse historique de la branche éteinte, dont l'intérêt n'est que très secondaire actuellement. Les premiers aïeux communs, vus précédemment, d'Etienne à Claude Ier, n'accusent pas suffisamment leur personnalité, par suite de l'éloignement, de l'emploi du latin et de la rareté relative des documents connus. Il n'en sera pas de même à partir de ce Jean, troisième fils de Claude Ier, et chef de la lignée ac-

(TABLEAU C)   *Suite des aïeux communs.*

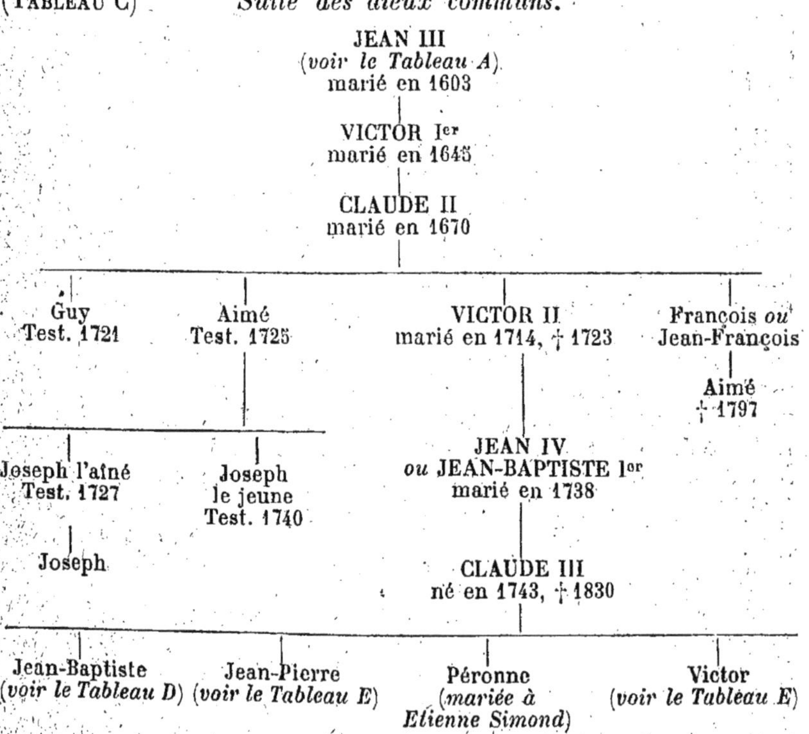

tuelle, auquel il faut revenir maintenant. Lui et surtout son fils et son petit-fils ont établi ces actes qui ont déjà été l'objet d'une rapide synthèse et qui font, pour ainsi dire, revivre ces ancêtres sous nos yeux.

Jean III, encore dit Petitjean, dut voir, en 1594, le bourg du Châtelard, presque entièrement détruit par un incendie ; en 1597, les luttes de Henri IV de France avec le duc Charles-Emmanuel III, dont les troupes occupèrent alors les Bauges ; et aussi les visites pastorales, assez fréquentes, d'un célèbre et saint évêque, François de Sales, qui résida à Annecy, de 1603 à 1619.

Le 27 janvier 1605 « Jehan fils de feu Claude Aymonier du Chastellard de Bauges » achète en ce lieu une maison qui devait être assez belle pour l'époque, si l'on en juge par le prix, 610 florins. Il semble, en cet acte d'une lecture difficile, que le vendeur, Treppier (?), agissait pour le compte de Messire François Chabod, seigneur de Lescheraines. Un des témoins est Révérend Jean-Baptiste Symond, curé du Châtelard ; notaire Despine. Jean Aymonier paraît aussi ou fait des transactions, des achats, en 1608, 1611, 1612. Le 25 juin 1620 il vend à Jean Dunand, aussi bourgeois du Châtelard, au prix de 20 florins, les parts et portions (d'affouage) qu'il a sur le bois du Fourq.

En 1624, il dut voir passer la châtellenie du Châtelard, où s'étaient succédés de nombreux possesseurs depuis la vente de 1511, aux mains du prince Thomas de Savoie-Carignan, qui fit bientôt construire le château, encore existant, de Mellessine ou des Ecuries et qui créa aux alentours un domaine de 193 journaux pour l'élevage des jeunes chevaux. Thomas dota aussi le Châtelard de l'Allée, quadruple rangée de superbes tilleuls allant en ligne droite de ce château au Pré de foire. Elle fut abattue vers 1830 ou 1840 et longtemps regrettée.

Jean Aymonier fait encore des transactions en 1629. Mais ses affaires ne semblent pas avoir été très heureuses, et on voit entrer en scène une personne qui n'est autre que sa femme.

Car, à partir de Jean III on possède les noms des femmes de tous ceux qui perpétuèrent la lignée ; et parmi ces ménagères modestes et dévouées se détache en un vigoureux relief la première de toutes, la femme de Jean, Marguerite, fille du notaire Jean Descaletis et de Jeanne Girod. La famille Descaletis, ou Descalité, qui fournit jadis plusieurs notaires, était des plus importantes et, traditionnellement, la plus ancienne, du Châtelard, avec la famille Aymonier. Elle s'éteint précisément aujourd'hui, n'étant plus représentée que par une vieille femme qui habite le hameau des Granges.

Marguerite Descalétis avait épousé Jean Aymonier en 1603, ayant trente-six ans environ, âge qui ne l'empêcha pas d'avoir, à notre connaissance, un garçon et trois filles. Le notaire, contrat du 13 avril 1603, fut Georges Comparet, dit Biron, qui devait, peu de temps après, commettre un meurtre sur la personne d'Antoine Boisson ; il est vrai que le besogneux duc de Savoie lui accorda, contre finances, comme à bien d'autres criminels, des lettres de grâce.

Dans l'acte, très bien dressé par cet irascible tabellion, comparaissent « l'honorable Jehan fils à feu Claude Aymonier, dit Petit-Jehan, bourgeois de la ville du Chastellard en Bauges d'une part. Et la Marguerite fillie à feu Me Jehan Descalletis quand vivoyt notaire ducal audit Chastellard d'aultre ». La future est assistée de son frère, Charles Descaletis, qui la dote de 400 florins, plus le trousseau. La somme n'est pas donnée en espèces, mais représentée par une grange, des prés, des champs, soigneusement estimés. La grange est donnée à titre définitif, mais les terres pourront être rachetées par le frère, aux prix indiqués « pourveu que se soyt en mesme sayson de l'année que sommes de présent ». Le futur donne 200 florins d'augment et hypothèque, par serment, sur tous ses biens « en tout cas de restitution advenant, que n'adviendra Dieu aydant ».

Le cas advint pourtant. En 1629, pour sauvegarder ses propres, pour avoir « assécuration de ses sommes dotales, augment, trossel et fardel et pour dommages et intérêts », Marguerite demanda et obtint sentence et lettres exécutives. Malgré une sentence de sursis en 1631, il fut passé outre et en 1633 eut lieu *l'esganne* et la liquidation, chez Me Guillaume Despine, notaire, au Châtelard et par les soins de Me Jean-Claude Gontier, notaire, de Doucy en Bauges, assisté de divers notables « preudhommes », désignés avec pleins pouvoirs, après prestation de serment, pour l'estimation et le *carcul* (calcul). Le travail dura les 19, 20 et 21 février 1633.

Il permet d'apprécier à quel point les droits dotaux des femmes de ce temps étaient rigoureusement sauvegardés. On tint d'abord compte d'une baisse sensible de la valeur de l'argent: les 600 florins de 1603 en valurent 780 du jour ; le trousseau fut en grande partie inscrit, puis les intérêts, les dépenses de justice, vacations, expéditions, etc. Soit, au total, 1148 florins. Les immeubles du mari, « biens de pure procédure », furent estimés et fournirent un total de 1306 florins « sauf erreur de carcul ». Ils furent partiellement attribués à la femme, au fils, mais plus généralement donnés en possession à diverses tierces personnes qui furent « cottisées », c'est-à-dire taxées à des sommes proportionnées à l'importance des pièces ; la femme conservant hypothèque légale jusqu'à libération par paiement, principal et frais, fait à elle ou à son représentant ; comme on voit se libérer un de ces possesseurs par un acte du 27 mai 1655.

Jean Aymonier, probablement âgé et fatigué lors de cet esganne de 1633, mourut peu d'années après, on ne sait à quelle date précise. Sa veuve, qui devait lui survivre longtemps, maria, contrat du 5 mars 1651, la Clauda, une de ses filles et la seule dont nous ayons le contrat, avec Nicolas Feroud, de la Chapelle-Blanche en Dauphiné (village qui passa plus tard, (1760), à la Savoie, par convention rectificative de la frontière et qui appartient aujourd'hui au canton de la Rochette).

Le 8 juin 1653, étant « dans son lict détenue d'une maladie corporelle et de vieux aage où elle arrive », Marguerite dicte sa dernière volonté au notaire Richard, d'Atilly, tabellion dont l'écriture et les abréviations sont malheureusement difficiles à déchiffrer entre toutes. On y voit qu'elle avait trois filles, la Clauda, femme de Feroud. une autre dont le nom peu lisible semble être Vallerie ou Vallentine qui aurait été femme d'un Perret (?) et une feue Jeanne qui a laissé un fils, Victor Tissot Subtil, (un Tissot dit Subtil de Montlardier avait déjà été témoin au mariage de la testatrice, en 1603). Ses héritiers universels sont ses deux petits-enfants, « Claude l'aîné, autre Claude le frère, et les autres enfants masles à devoir naistre d'iceluy Victor Aymonier son fils en loyal mariage procréés et les leurs et chascung d'iceux pour une égalle part et portion ». Suivent des prescriptions très impératives mais peu lisibles sur le remboursement de deux sommes de 16 et 12 florins qu'elle reconnaît devoir.

La « maladie corporelle » dut se guérir, et le « *vieux aage* », — quatre-vingt-six ans environ, — n'empêcha pas Marguerite, peu de mois après, de se rendre, à mulet ou en litière, comme voyageaient les femmes du temps, par un trajet de dix à douze lieues, et Dieu sait quels chemins à la descente de la montagne du Frène, près de sa Clauda, à la Chapelle-Blanche, « où elle serait allée demeurer dès environ une année en ça » dit l'acte déjà mentionné que passa pour elle son fils Victor, le 27 mai 1655.

Elle revint mourir au Châtelard où les registres de la cure contiennent ceci : « L'an de notre Seigneur 1667, le 15 du mois de mai est décédée et le 16 par moi soussigné enterrée au cimetière de l'église la Marguerite Descalité, veuve de feu Petit-Jean Aymonier, âgée d'environ cent ans. Benoît Billiet, curé » (folio 147, verso, communiqué par M. Mestrallet, curé du Châtelard). La date de la naissance n'était pas connue exactement, les registres de la cure du Châtelard ne commençant qu'en 1626.

VICTOR Ier. « Le lundy de Pâques 1633, Jehan Aymonier a mis en apprentissage son fils avec Me Claude Armand pour troys ans, aussy pour luy apprendre l'estat de mareschal ; à la charge et condition que ledict Aymonier ballye audit Armand la somme de cinquante-quatre florins et deux quarts escuz (?) à sa femme, payables la moytié à la foire de may 1634 et le reste à la fin des troys ans ; pour les deux quarts escus (?) il faut payer (immédiatement?). Et a promis ledict Armand de le prendre comme son fils propre et qu'il ne le ferait travailler sinon à la forge ; sinon au cas de marché (?) de moisson et de vandange estant pressé il y soit quelquefois, non à la coutume. Et de plus ledict Armand a promis de le sollager de battre avec le gros martaud, attendu qu'il est encore foible. Le tout en présence de Charles Descalletis (oncle de Victor), Pierre Michaud, Pierre Clément, Me Thomas Boysson, témoings.

« Et au cas que ledict Victour (*sic*) ne puisse parachever son temps avec ledict Armand son maître et qu'il lui donnat quelque (?) subject de le quitter, soit sa femme (deux mots illisibles) ledict Aymonier ne sera tenu lui payer la somme suspromise qu'à raison (?) du temps qu'il demeure avec luy ».

Dans cette petite convention sous seing privé, établie quelques semaines après l'esganne de 1633, on a quelque intuition de la sollicitude inquiète des parents se résignant à un parti qui leur semble héroïque, et peut être de la volonté ferme et décidée du jeune homme, de l'adolescent qui veut apprendre un métier devant l'aider à relever une situation compromise. Ce métier de forgeron et maréchal-ferrant avait déjà paru dans la famille, jadis, avec Jean Ier fils d'Etienne, puis récemment avec l'oncle Humbert, mort peu d'années auparavant. Il n'empêchait pas de faire valoir les terres. Toujours est-il qu'à partir de Victor il resta dans la lignée pendant plusieurs générations et que, entre tous, pendant près de quatre-vingts ans, Victor et son fils Claude semblèrent tenir beaucoup à cette qualification de « mareschal du Chastellard » ; c'est à croire presque qu'elle leur conférait quelques privilèges spéciaux.

De santé faible, peut-être, mais caractère de forte trempe, le fils de Marguerite Descaletis semble avoir été un homme précoce en affaires. A peine entré en apprentissage, il achète, le 3 mai 1633, Boysson notaire, une pièce de terre que lui vendent sa parente Claudine, fille de feu Michel Aymonier, veuve de Jean Bollard, et son fils Thomas Bollard.

Il traite aussi à diverses reprises avec « demoiselle » Guillermine Viollat, veuve de noble Philibert Trepier, à laquelle il avance, le 11 avril 1634, une certaine somme pour la reconstruction d'un four banal : en compensation elle lui cède (au lieu dit aujourd'hui Pré parru) une pièce de terre, teppe et bois au plan de Chéran jouxte la rive gauche (du nant) de Mellessine (Morand, III-342).

Des notes du procès de 1792 indiquent aussi que, le 2 janvier 1637, cette Guillermine Viollat passa un acte d'albergement à Victor, feu Jean Aymonier, Despine notaire.

Puis, le four banal ayant été sans doute mal réparé précédemment, et mis en interdit, c'est Victor lui-même qui se charge, le 9 mai 1639, Despine notaire, de le faire reconstruire, à prix fait, 30 florins ; il reçoit en compensation, jouissance et hypothèque sur une pièce de terre jusqu'à paiement de cette somme.

Sur Guillelmine, de la riche famille des Violat, de Sallanches, et la grande amie de saint François de Sales qui avait coutume de descendre chez elle en ses tournées pastorales, au Châtelard, voir les détails naïfs et charmants d'une publication qui est presque de cette époque et que reproduit M. Morand (I, p. 302-306). La tradition s'est très bien conservée que la maison de cette dame Trepier s'élevait sur l'emplacement d'un jardin qui

domine le bourg actuel, juste au nord de la cure dont le sépare
une ruelle, à l'ouest du vieux cimetière, et jouxte ce cimetière,
comme auraient dit nos pères.

Le 9 janvier 1639, Victor Aymonier dit Petitjean, maréchal
du Châtelard, agissant en son nom et aussi comme procureur
de sa mère Marguerite Descaletis, passe, devant Richard
notaire, une convention de quittance mutuelle avec sa tante
Claudine Bollard, veuve de Humbert Aymonier dit aussi Petitjean, de son vivant maréchal du Châtelard. Cette Claudine,
l'une des « cottisés » de l'esganne de 1633, lui remet boutique
forge et instruments laissés par son mari.

Le dimanche 5 juin 1644, toute la population assistant à une
procession religieuse qui se déroulait au dehors, le feu prit à
une petite maison et rapidement dévora presqu'en entier le
bourg, qui s'étendait alors à peu près de la place où aboutit la
rue de Revel jusqu'aux écoles actuelles, peut-être au-delà, et
aussi vers la cure et l'église. Le clocher fut brûlé et l'église
abîmée.

Désireux de s'isoler, Victor reconstruisit maison et forge
assez loin dans le bas du pays, vers le nord Mais aux deux
siècles qui suivirent, les maisons se portèrent de ce côté,
dépassèrent même l'emplacement qu'il avait choisi, si bien que
l'incendie de 1867, qui dévora de rechef le Châtelard, laisse
aujourd'hui voir les ruines de la voûte de cette forge, adossée
au roc et très réduite par suite de l'élargissement de la route,
après ce dernier incendie.

Victor épousa, en 1645, la Jaquemine (Jacqueline), fille de
Jean Boysson. Le contrat, postérieur, par exception, à la célé-
bration du mariage, est du 1er novembre 1645. La dot est de
200 florins, en une pièce de terre pour 40 florins et une obligation pour 160 florins. Victor reconnaît 100 florins d'augment.

Après son mariage on le voit, pendant des années, continuer
ses achats de terre ou transiger, au nom de sa mère, avec les
« cottisés » de l'esganne de 1633, pour récupérer leurs cotes ou
les biens paternels.

Il joue aussi un rôle important dans les affaires communales. En novembre 1645, il est syndic, et il est encore en fonctions le 31 mai 1646, jour où à la suite d'une assemblée des
communiers, tenue au cimetière, à la sortie de l'octave, est
passé un contrat, Pavy notaire, avec deux maîtres maçons
pour la réparation de l'église et la reconstruction du clocher,
au prix de 7,500 florins, somme à répartir entre le bourg et les
divers hameaux de la commune : le Mont-Jullioz, Montlardier,
Atilly, La Lavanche et le Villaret-Rouge.

Puis, pendant une dizaine d'années, Victor Aymonier est
quelquefois « exacteur » ou receveur des impôts tant nationaux
que communaux, mais plus souvent syndic. Dans les deux
fonctions il est entre l'enclume et le marteau. La tâche est
dure. Il faut payer les maîtres maçons qui reconstruisent

l'église, payér les tailles extraordinaires que lève la Régente, Madame Royale, Chrestienne de France. Il faut courir les routes, requérir et accompagner curiaux et sergents royaux (huissiers), contraindre ou saisir les contribuables récalcitrants, avancer les frais, avancer même, par commisération, les dettes des pauvres gens; puis, recevoir de Chambéry exploits, lettres de contrainte délivrées par la souveraine Chambre des comptes de Savoie, injonctions, commandements faits « aux tant passés (anciens) que modernes (actuels) scindiqs, d'aller promptement payer les quartiers énumérés dessus ».

Enfin, pendant les dix dernières années de sa vie, ce sont surtout les affaires de la confrérie du Saint-Esprit, dont il est le procureur, qui l'occupent et le font de même aller en justice ou descendre à Chambéry.

Victor dut mourir en 1668, suivi de près dans la tombe par sa femme Jaquemine Boysson. Dans son testament nuncupatif, du 13 juin 1668, Despine notaire, il laisse l'usufruit de ses biens « à sa très chère et bien aymée femme », lègue des effets neufs et 200 florins, soit 140 pour leurs droits de son chef et 60 pour leurs droits maternels, à chacune de ses filles, Jeanna-Clauda et Jeanne, le tout payable à leur mariage. L'héritier universel est son unique fils vivant, Claude. Nous ignorons si c'était « l'aîné » ou « l'autre » des deux Claude que mentionnait le testament de Marguerite Descaletis.

Claude II fut le digne fils de son énergique père. Il épousa, en 1670, contrat du 16 janvier, Despine notaire, la Guya, fille de feu Jean Claude Fressoz dit Vial, de la Compôte. Dot 270 florins et effets. Augment 160 florins. La future donne procure générale au mari pour exiger toutes sommes à recouvrer.

La même année, Claude marie sa sœur, Jeanna-Clauda à Claude Genod, rentier, du Châtelard. Contrat du 17 août, Despine notaire. Une obligation du même jour est souscrite pour les 200 florins de dot. L'augment est de 100 florins.

En 1684, il marie son autre sœur, Jeanne, à Thomas Perret, de Montlardier, à peu près dans les mêmes conditions. Contrat et obligation du 2 septembre. Despine notaire.

Claude, dit quelquefois Claudin, fils de feu Victor Aymonier, « mareschal du Chastellard », — on ne dit plus Petitjean, — paraît comme un homme s'entendant très bien aux affaires, dans une trentaine d'actes, notariés ou sous seing privé, qui vont de 1668 à 1710. L'interminable affaire de l'affouage dans les bois de Leyat ou du Fourq se continue, et sur la demande des Dunant, descendants et héritiers de l'acquéreur, il leur rachète le 10 janvier 1690 les droits vendus par son aïeul Jean, le 25 juin 1620.

Chatouilleux sur les questions d'honneur, et apprenant que des dragons en goguette avaient mal parlé de lui à propos d'un recel de tenailles volées, pendant qu'ils étaient en « raffrichement » au Châtelard, il court à Aiguebelle, en 1693, faisant huit à dix lieues pour les contraindre à déclarer par serment qu'il est en dehors de cet incident.

On trouve aussi trace de son action dans les affaires publiques ; il est tantôt conseiller, tantôt exacteur, tantôt syndic, qualifié même de « grand sindicq ». En 1684, 17 décembre, il paraît dans l'acte notarié où la commune donne maison et jardin au vicaire qui devra, par contre, enseigner la lecture et l'écriture aux enfants et le latin aux plus aptes, Bocher notaire ; ainsi que dans le contrat, 1er mai 1689, d'augmentation, de dix deniers par faisant feu, des revenus de ce vicaire.

En 1706, il excipe, à bon droit, de ses fonctions d'exacteur, donc manieur de fonds publics, pour être déchargé de tout logement de troupes. Les Français du maréchal Berwick occupaient en effet le pays et y avaient même des bataillons allemands qui commettaient moult dégats.

Claude avait fait, le 24 décembre 1674, pour cause de maladie, un premier testament qui n'eut aucun effet, mais qui peut être analysé avec quelque intérêt par suite des dispositions prises. Il laissait « à sa très chère et bien aymée femme » l'usufruit de ses biens, l'en privant si elle se remariait. Si elle avait une fille après son décès, cette fille recevrait 200 florins et des effets spécifiés, et n'aurait pas autre chose. L'héritier universel était son fils Guy (son fils aîné et à ce moment unique) et part égale à un second fils si sa femme l'avait après son décès. Si les deux garçons mouraient en âge de « pupillarité », la fille posthumée (en effet elle pouvait être jumelle) leur serait substituée. Si tous les enfants mouraient, il leur substituait la Guya Vial, sa femme, la Jeanna-Clauda et la Jeanne Aymonier, ses deux sœurs, chacune pour un tiers.

Le 25 mai 1705, Claude et sa femme, la Guya, « desjaz un peu aagés », firent leur testament mutuel et nuncupatif, Carrier notaire. Après tous les préambules d'usage, dons de cinq florins aux confréries pour la part de Claude et de quatre florins pour celle de sa femme, ils lèguent à chacune de leurs filles, Françoise et Michelle, avec des effets soigneusement détaillés, énumérés, la somme de 450 florins, dont 100 florins pour parts de droits sur les biens maternels, 200 dans l'hoirie de leur père et 150 florins pour leurs parts de l'hoirie d'un feu oncle, Pierre Fressoz Vial. Les testateurs se lèguent mutuellement l'usufruit et l'administration de tous leurs biens « pendant leurs vies menant vies viduelles sans estre tenus à en rendre aucun compte ains en user en toute liberté. Et en cas que ladite Guya Fresse Vial, après la mort de son mary, ne puisse s'accommoder ny compatir avec sesdits héritiers et se trouve gehennée, audit cas ledit Claude Aymonier luy donne et lègue les fruicts et prises des pièces suivantes »... Elle aurait alors habitation à part, deux membres (chambres) que les héritiers devront maintenir en bon état, et la jouissance des pièces de terre spécifiées, dont ils devront acquitter les tailles et charges pendant sa vie viduelle. Ces héritiers universels sont les quatre fils, Guy, Aymé, Victor et Jean-François, à parts égales, et en cas de mort substitués les uns aux autres, et aux derniers vivants.

Peu de jours après, contrat du 30 mai 1705, Carrier notaire, le vieux couple mariait sa fille Françoise à Claude le jeune, fils de feu Jean Chaulland, du Rocher. La dot était constituée conformément aux termes du testament. L'augment donné par le mari était de 225 florins.

En 1710, a lieu le mariage de la seconde fille, Michelle, avec Louis-César (Louys Caesard) Carrier. Contrat du 6 décembre 1710, Galliand notaire. La dot est également conforme aux prescriptions du testament, et l'augment est aussi de 225 florins. Mais Claude paraît seul ici, sa chère Guya était morte. Il ne dut pas lui survivre longtemps. Une note du procès de 1790 dit que ses fils se partagèrent ses biens le 5 janvier 1715.

Une particularité doit être relevée, commune à Victor Ier et à Claude II Ces deux hommes, les plus remarquables peut-être de la lignée et de tous nos aïeux connus par leur force de caractère, par cette entente des affaires qui sut relever la fortune compromise de la famille, étaient complètement illettrés, ils ne savaient pas signer.

L'aîné des fils de Claude II, dont le beau nom, Guy, insolite dans la famille, est fréquent, anciennement comme de nos jours, à la Compôte (commune située à une demi-lieue du Châtelard) d'où provenait sa mère, la Guya, semble avoir été un homme de santé faible ou de complexion calme, qui fut, chose aussi très fréquente à la Compôte, un *kinké, quinqué*, (oncle), vivant en ménage avec un frère marié, et laissant toute sa fortune au neveu considéré comme devant perpétuer la famille. Il ne se trompa pas en cette dernière prévision. Son testament, du 9 mai 1721, Despine notaire, donne trente-six « sols » à chacune de ses sœurs, six « sols » à chacun de ses frères, l'usufruit de tous ses biens à sa belle-sœur Jeanne Dufaugt, femme de Victor son frère. à condition qu'elle ne se remariera pas en cas de veuvage, n'oublie pas les trois « sols » d'usage à tous prétendants supposés, et institue comme héritier universel Jean-Baptiste, fils de Victor, et autres enfants mâles à naître du mariage de ce dernier avec Jeanne Dufaugt, en leur substituant ce frère Victor, s'ils décédaient tous sans enfants légitimes.

Le second fils de Claude II, Aimé, Aymé, Amé, Amée ou Amed, le nom prenant toutes ces formes, se maria en 1698 avec la Pernette, fille de Jean-Claude Favre, de Doucy, contrat du 19 mars, Despine notaire. Au bas de l'acte son père, Claude, reconnaît avoir reçu, le 14 juin 1711, le solde de la dot payée par les fils et héritiers de ce Favre.

Le 31 octobre 1717, Aimé passe une convention avec les conseillers, communiers et habitants du Châtelard qui lui donnent « à tâche et prix faict le raccomodage et le bon entretien des bourneaux (gros tuyaux) qui font venir l'eau dans le bassin du bourg depuis la source de Ladhuy, et par serment ils s'engagent à lui payer tous les ans la somme de neuf sols pour chaque faisant feu ».

Tous les bassins du Châtelard sont encore ainsi alimentés aujourd'hui par cette source qui est à quelques centaines de mètres, à flanc de montagne.

Aimé teste le 20 mai 1725, Carrier notaire, laissant deux fils, Joseph l'aîné et Joseph le jeune. L'aîné teste le 27 octobre 1727, Carrier notaire, ne laissant qu'un fils, appelé aussi Joseph, qui mourut en bas âge. Joseph le jeune, marié à Hyacinthe Laperrière, teste le 27 octobre 1740, Carrier notaire, et meurt sans enfants. (Ces divers testaments, mentionnés par Charles-François dit Félix Aymonier, notaire, qui consulta les minutes des Carrier, n'ont pas été vus dans les papiers de famille récemment examinés).

Victor II, troisième fils de Claude II, maréchal du Châtelard comme son père, devait continuer la lignée. Probablement par suite de sa mort prématurée, *ab intestat*, le 7 janvier 1723, il paraît terne, pour ainsi dire, si on le compare aux hommes que furent son père, son grand-père, son fils et son petit-fils. Il avait épousé, contrat du 16 janvier 1714, la Jeanne, fille de Jean Duffaug, d'Atilly ; dot en espèces, 200 florins, plus 70 florins en effets de valeur, et d'autres effets et linge détaillés sans estimation. En marge, indication que la dot a été totalement acquittée le 18 décembre 1723, donc après le décès de Victor, qui laissa une fille, Jeanne, et un fils, Jean-Baptiste.

Entre temps, le procès de l'affouage se continuait avec péripéties diverses. Guy et Victor font en 1718 un emprunt qu'ils remboursent en 1719. A cette époque, les souverains de Savoie, devenus rois de Sicile, 1712, puis rois de Sardaigne, 1718, font promulguer un édit réduisant les censes (l'intérêt) à 4 0/0, édit promulgué à Chambéry le 3 mai et au Châtelard le 10 mai 1722.

François, ou Jean-François, le quatrième fils de Claude II épousa Hélène Turinaz. Son nom paraît sur une liste non datée qui énumère de nombreuses pièces de terre. Elle donne aussi le nom d'une Josepte Aymonier, sans autre indication, et on ne sait à qui rattacher cette femme.

Comme tous les autres fils de Claude, François ne paraît pas avoir atteint un âge très avancé·

Il en fut autrement de son fils unique, Aymé, Aimé, Amé, Amed, Amédée (?), qu'on rencontre dans des actes, de 1740 à 1792, d'abord avec son cousin-germain, Jean-Baptiste, fils de Victor, puis avec le fils de Jean-Baptiste, Claude. Il est avec celui-ci pour soutenir, en 1790-1792, les dernières procédures de l'interminable affaire de l'affouage des bois de Leyat.

Mais on voit surtout Aymé dans les affaires communales. Le 10 août 1761, lui présent, avec le syndic et trois autres conseillers de la paroisse du Châtelard, a lieu une énergique délibération « sur la prétention du curé moderne (actuel) de ladite paroisse d'introduire l'usage de lui payer la disme du chanvre, contre la coutume immémoriale d'en être exempt; ce serait pour fournir les cordes des cloches. Le conseil ayant conféré avec les principaux communiers et habitants qui ont aussi trouvé à propos de prendre les mesures convenables pour éviter cet abus qui pourrait se glisser par complaisance des uns et crainte de quelques-uns des autres, ce qui dans la suite du temps pourrait tirer à conséquence pour toute la communauté ». Donc, séparément et collectivement, syndic et conseillers s'engagent « à prendre toutes mesures pour empêcher que ladite coutume ne s'introduise dans la paroisse, aller à conseil si besoin est, prendre le fait et cause en main pour le général et pour les particuliers molestés et les relever de molestie » etc., etc.

En 1763, Aimé, feu François Aymonier, reçoit procure pour représenter, dans une autre cause, ses collègues conseillers. Il est syndic en 1764, alors qu'une affaire de réparation de la cure se greffe sur le procès, toujours pendant, de la dîme du chanvre.

Le 14 août 1774, autre délibération du syndic et des quatre conseillers, dont Aimé Aymonier, au sujet de cette affaire de la dîme du chanvre, du procès contre Révérend François Grillet, curé de la paroisse, en instance au Sénat de Savoie à Chambéry. Il s'agit de députer le syndic pour s'entendre avec l'avocat de la commune. Deux arrêts, l'un du 2 mars 1773, l'autre du 18 juin « proche passé », ont condamné le curé aux dépens, mais le jugement au fond n'est pas rendu.

Il est équitable d'ajouter que ce curé Grillet, qui perdit définitivement son procès, légua toute sa fortune en bonnes œuvres au profit de la paroisse du Châtelard, testament du 26 novembre 1777.

Dans son *Histoire de la Savoie*, Victor de Saint-Genix mentionne avec éloges, à diverses reprises, les discussions intelligentes du conseil du Châtelard à cette époque, et de notre côté, nous y retrouvons constamment l'action d'Aimé Aymonier.

Il avait été marié à Josephte ou Joséphine Blambert, dont il eut deux filles. En 1797, soit le 3 ventôse an V, ses deux beaux-fils Jean Miguet et Joseph feu Joseph Francoz déclarent le décès de Aymé Aymonier, âgé de 72 ans. La femme de Jean Miguet était Louise Aymonier. On ignore le nom de l'autre, car il ne semble pas qu'on puisse l'identifier à une Suzanne Aymonier, femme de Claude Francoz, de la Lavanche, décédée en 1796, soit le 25 frimaire an IV, sans indication d'âge et de filiation.

Jean-Baptiste (Ier qui pourrait être aussi appelé Jean IV), fils de feu Victor Aymonier, épousa Marie ou Jeanne-Marie, fille de feu François Bollard, contrat du 4 juillet 1738, Carrier notaire. Dot constituée par la mère de la future, 160 livres de Savoie, plus des effets et du linge, détaillés. Une tante de la jeune fille ajoute des effets et complète sa dot à 192 livres; le futur lui reconnaît 96 livres d'augment. Tout cela était très modeste. Au début, Jean-Baptiste, aussi maréchal du Châtelard, ne possédait guère que la moitié de la fortune de l'aïeul Claude, mais il se montra rapidement à hauteur des meilleures traditions familiales. Les temps étaient durs, pourtant. De 1742 à 1749, les troupes espagnoles occupent le pays, en soldatesque coutumière d'odieuses exactions et des pires brutalités.

En 1744, Jean-Baptiste et son oncle François soutiennent le procès des bois de Leyat; aussi en 1746.

En 1748, Jean-Baptiste paie les frais de sépulture de sa mère Jeanne Duffaud, 9 livres, 17 sols, 0 denier.

La chose publique semble peu le préocuper, quoiqu'on le voie concellier (*sic*) et expert-juré, syndic peut-être. Il est homme d'affaires avant tout. Il emprunte des fonds, troque et surtout achète des terres, des immeubles, si bien qu'on compte une quinzaine d'achats de 1750 à 1774, les vendeurs étant souvent ses cousins et cousines de la branche aînée. Non seulement il achète des biens, mais il prend, en 1759, 1762, 1770, en fief et perpétuelle emphythéose, des terres de Messire Jacques, marquis de Lescheraines et des Bauges, lieutenant-colonel du régiment de Dragons de la Reine.

Nous n'avons pas la date exacte de sa mort, entre 1774 et 1776. Outre son héritier, Claude, il laissait une fille dont le nom n'est pas donné, qui était mariée à Jean-Pierre Bublex, de la Motte. On le voit, en effet cautionner ce gendre pour un emprunt que son fils Claude régla le 12 décembre 1776, après sa mort.

Claude III, fils de Jean-Baptiste et de Marie Bollard, était né le 15 décembre 1747. Il épousa Rose Fressoz qui lui donna quatre enfants, Jean-Baptiste, Jean-Pierre, Péronne et Victor. Devenu veuf il se remaria avec Jeanne-Claudine Panevin, de Grésy en Genevois et habitant Jarsy en Bauges, contrat du 11 février 1785, Carrier notaire. Dot 1,000 livres, trousseau 200 livres et augment 500 livres que représentaient la jouissance d'un logement et des denrées en nature, en cas de veuvage. Mais il devait survivre et longtemps à cette seconde femme qui ne laissa pas d'enfants.

De 1774 à 1790, Claude fait plusieurs transactions ou achats de terres, souvent vendues par ses cousins et cousines de la branche aînée. Il paraît aussi dans les affaires publiques tantôt comme conseiller, tantôt comme syndic. Ainsi il s'occupe, comme conseiller, lui quatrième et le syndic cinquième, de nommer un procureur pour gérer les biens légués par le curé Grillet.

Le 20 avril 1788, il est l'un des signataires, en la même qualité, d'une petite convention faite sur papier libre et sous seing privé, par laquelle Jean-Baptiste Paget, maître horloger de Mosez en Franche-Comté « réparera en 25 jours l'horloge de la paroisse et rendra ladite horloge bien allante et sans variation notable, pour le prix et somme de cent livres de Piédmont, que lesdits sindic et conseillers promettent lui payer, sçavoir, la moitié dans trois jours après que ladite horloge aura été réparée et qu'elle aura cheminé pendant trois jours entiers et sécutifs sans variation ; et l'autre moitié dans le terme d'un an suivant lesdits trois jours ».

Claude, et avec lui son vieux cousin Aymé, soutiennent encore et perdent définitivement le procès concernant leurs droits de pâture et de coupe aux prés et bois du lieu appelé Leyat. Se basant sur leur droit d'usage centenaire, immémorial, ils ne surent pas, dit-on, remonter aux titres les plus anciens, antérieurs à l'acte d'albergement de 1637, et ils avaient à lutter contre de nouveaux ayants-droits, possesseurs de ces bois, qui étaient des hommes de loi, donc de redoutables adversaires : les notaires Despine, d'abord, puis Carrier, ensuite. Le procès, repris en 1777, dura jusqu'au 2 mars 1792, jour où ils furent déboutés avec dépens, par sentence du Sénat de Savoie.

On était alors à la veille de l'annexion à la France et des grandes secousses révolutionnaires. En septembre 1792, les troupes sardes se retirent. En octobre, des assemblées populaires se tiennent partout en Savoie. La Convention vote l'annexion le 27 novembre.

Le 12 février 1793, l'assemblée du canton du Châtelard, voulant conserver son culte catholique, change séance tenante un bureau trop avancé, élu la veille par surprise, et nomme neuf délégués considérés comme modérés parmi lesquels est Claude Aymonier « homme chrétien et bien pensant ».

La même année on le voit aussi procureur de la commune, son cousin Aymé étant conseiller municipal.

Dans un autographe d'une écriture remarquablement belle et régulière, il confesse (reconnaît) avoir reçu (de même qu'une dizaine d'autres personnes) une somme — pour lui onze livres neuf sols et demi, — de la municipalité comme subside de route pour son fils Jean-Pierre, élu volontaire de la commune. Ce fils ne dut pas aller loin, car il n'y a pas tradition qu'il ait été soldat.

Les violents ne tardent pas à triompher, fin 1793 et année 1794, églises et hosties sacrées sont profanées. Selon l'usage du pays, des croix de bois étaient élevées sur les routes en maints endroits. Pour éviter toute profanation là ou ces emblèmes religieux sont voisins de ses propriétés, Claude les enlève de la voie publique et les replante de l'autre côté de la *siza* (haie)

en disant bien haut que quiconque pénètrera dans ses terres
closes aura affaire à lui et à ses trois gaillards de fils. Pour une
époque si terrible, c'était là, il faut en convenir, un acte de
grand courage et dénotant dans le pays une réelle autorité
morale. Vers 1860, on voyait encore de ces croix, pourrissant
sur place mais respectées de tous.

En 1797-1798 (ans V et VI) Claude Aymonier est pendant un an
agent municipal de la commune et signe à ce titre les actes de
naissances, mariages, décès. (Ces registres conservés dans la
famille ont été consultés avec les autres papiers.)

Sans doute il dut lui être agréable de s'occuper de la restau-
ration officielle du culte catholique. Le 16 janvier 1803, son
cousin le curé Dufaug lui remet des reçus de 10 livres et 24 sols
pour messes. Le missionnaire Forestier lui en fait pour les
sommes suivantes : 208 livres 10 sols, le 12 pluviôse an XI, soit
le 1er février 1803, ceci pour achat d'ustensiles et tableaux
d'église ; puis, pour messes, 40 livres 10 sols, le 10 avril 1803 ;
13 livres 18 sols, le 27 septembre 1803.

En 1814, on le voit taxé à 117 fr. 10 sols pour fournitures
aux troupes autrichiennes occupant le pays, et son plus jeune
fils, Victor, est taxé à 59 fr. 10 sols.

En 1815 reparaissent en Bauges les Autrichiens de Bubna
qualifiés Cosaques, à tort, dans les souvenirs locaux ; et nouveaux frais, par suite, à la charge de Claude.

Les notes à payer durent être bien déplaisantes à cet homme
qui possédait à un haut degré l'esprit de stricte économie de
ses aïeux. Par contre le retour aux lois sardes lui agréa sans
doute. Imbu des idées sociales de l'ancien temps, il était horri-
pilé par les nouvelles lois successorales françaises, destruc-
tives des familles. Tant qu'il fut Français, il fit des achats de
terre, non plus en son nom, mais au nom de ses trois fils ; puis,
quand l'aîné mourut (1802), au nom des deux autres, et des
deux petits-fils orphelins pour un tiers. Il avoue et reconnaît
que ses achats de terres au nom de ses fils et petit-fils les avan-
tagent au préjudice des filles que les lois du temps « code Napo-
léon et loi du 9 nivôse an II » appellent à sa succession.

Il avait dès 1790, contrat du 22 janvier, Carrier notaire,
marié à Etienne Simond, sa fille Péronne. Après 1802, il est le
tuteur ou le curateur des orphelins laissés par son fils aîné,
surtout après le remariage de leur mère. Il perd encore un fils,
et un petit-fils déjà grand et donnant de belles espérances. Il
dépose un premier testament, 24 juillet 1825, chez Basile
Berthet notaire ; puis un second testament, le 9 avril 1830,
chez Janin notaire, et meurt bientôt, dans sa quatre-vingt-
troisième année, dernier aïeul commun des branches actuelles,
dernier représentant des fortes traditions familiales de jadis.
Le 12 septembre 1830 et le 2 mars 1831, Janin notaire, ses
héritiers se partagèrent ses biens selon ses dernières volontés,
qui favorisaient les mâles des trois branches en trois parts à
peu près égales.

*
* *

On peut passer rapidement sur les branches actuelles, qui appartiennent à l'avenir plus qu'au passé, et se borner, sauf de rares exceptions, à leur consacrer de succinctes explications généalogiques ou d'état civil, laissant même quelquefois de côté les filles et les enfants morts en bas âge.

Jean-Baptiste, le second de ce nom, fils aîné de Claude III, épousa, contrat du 8 janvier 1787, Marie, fille de Pierre Guilland, sœur du futur docteur Jean-François, d'Etienne et de Jeannette qui devait celle-ci épouser Pierre Lavigne. Marie Guilland était née en 1770 et son mari devait être très jeune aussi. Vers 1795, Jean-Baptiste reprit — et il devait être en ceci le dernier de la famille, — l'état de maréchal. Quoique vivant avec son père, on le voit, dès 1797, commencer à traiter des affaires personnelles, se montrer énergique et intelligent, aidant son père, guidant ses frères. Mais le 14 messidor an X,

(Tableau D)   *La Branche aînée actuelle.*

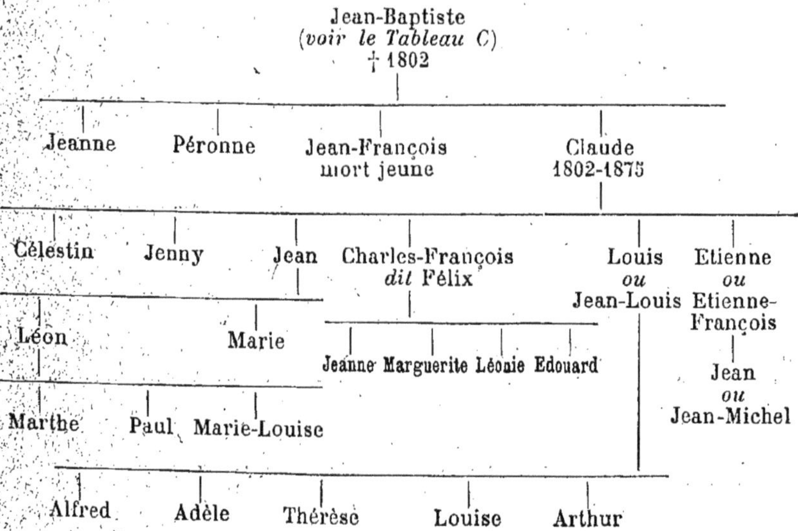

Jean-Baptiste
(*voir le Tableau C*)
† 1802

| Jeanne | Péronne | Jean-François mort jeune | Claude 1802-1875 |

| Célestin | Jenny | Jean | Charles-François *dit* Félix | Louis *ou* Jean-Louis | Etienne *ou* Etienne-François |

| Léon | | Marie | Jeanne Marguerite Léonie Edouard | | Jean *ou* Jean-Michel |

| Marthe | Paul Marie-Louise | | | | |

| Alfred | Adèle | Thérèse | Louise | Arthur |

(3 juillet 1802), ayant de peu dépassé la trentaine, il fut pris de malaise, but une potion prescrite par le praticien local, Bouchet, et mourut subitement, assis sur sa chaise. Ce coup de foudre fut une catastrophe causant un grand désarroi dans la famille, qui se plaisait à lui reconnaître des qualités de futur chef. Le comique se mêla même au tragique. Peu de temps avant sa mort il avait reçu de son vieux parrain, Michaud, devenu aveugle, une somme de 1,300 livres de Piémont qu'il

devait placer. Les scellés mis et levés, inventaire et recher-
ches minutieusement faits, il fut impossible de retrouver trace
de cet argent que la famille remboursa. Ce ne fut qu'en 1838
que la forge, vendue et démolie en partie, livra sa cachette. Ce
qu'apprenant Claude, fils et héritier de Jean-Baptiste, il intenta
à l'acquéreur un procès qui se termina par un partage à l'amia-
ble de la somme trouvée.

Jean-Baptiste laissait quatre enfants, Jeanne, Péronne, Jean-
François et Claude, qui naquit, ce dernier, après la mort de
son père. Jeanne, née en 1795, 8 vendémiaire an III, épousa,
vers 1812, Joseph Barbier, de Montlardier.

Quelques années après, vers 1816, la mère, Marie Guilland,
se remaria avec François Pavy, des Aillons, ce qui amena
quelques difficultés avec le vieux Claude, grand-père et dès
lors curateur des mineurs ; il dût rendre, 1817, la dot de son
ancienne bru.

Peu après mourut l'aîné des garçons, Jean-François, par
imprudence, refroidissement, âgé de 17 ou 18 ans, laissant
longtemps après lui le souvenir d'un très bel adolescent. Puis
Péronne, qui était née en 1798, 25 brumaire an VI, et filleule
de sa tante Péronne Aymonier, femme d'Etienne Simond,
épousa, contrat du 16 juin 1818, Jean-Louis Charbonnier,
d'Atilly.

Claude, le fils posthume de Jean-Baptiste, né le 17 septembre 1802 et mort le 21 septembre 1875, devait continuer cette
lignée. Il épousa, vers 1824, Jeanne-Baptiste, fille de Célestin
Charbonnier, née le 16 décembre 1803 et morte le 19 mars 1875 ;
belle femme aux yeux noirs, qui mérite ici un pieux et filial
souvenir ; épouse et mère dévouée, ménagère très ordonnée,
dirigeant avec une grande autorité sa maison, elle fut, peut-on
ajouter, la dernière femme de la famille qui s'en tint aux
vieilles traditions, ainsi qu'au costume et à la coiffure gracieuse
et seyante du pays. Elle avait de qui tenir ; son père, homme
énergique et intelligent, avait donné sa mesure en remplissant à diverses reprises et particulièrement lors de l'invasion,
les fonctions de syndic du Châtelard. Elle eut neuf enfants,
dont trois, un garçon et deux filles, moururent en bas âge.
Six survécurent : Célestin, Jenny, Jean, Félix, Louis et Etienne.

L'aîné, Célestin, mourut célibataire en 1885. Jenny épousa
Charles Petit, de la Compôte.

Jean, 1834-1901, homme de caractère calme et de grande
piété chrétienne, se maria avec Hortense Viviand, en 1861, et
en eut quatre enfants, une fille et un fils morts en bas âge, et
Léon et Marie. Léon, né en 1863, a épousé sa cousine germaine,
Jeanne, fille de Félix, dont il a eu un fils mort en bas âge et
trois autres enfants vivants, Marthe, Paul et Marie-Louise. Il
est pharmacien au Châtelard. Sa sœur, Marie, a épousé Joanny
Blambert.

Charles-François, dit Félix (1839-1885), le troisième des fils survivants de Claude, s'était formé très jeune aux affaires en servant de secrétaire à son grand-oncle, Etienne Guilland, rentier, qui était né le 10 mars 1778, qui mourut le 10 mars 1867, et qui était devenu aveugle en les dix dernières années de sa vie. Félix hérita d'une partie importante de la fortune de cet oncle. Il hérita aussi d'une grande partie de la fortune d'une autre parente, Rosine Arminjon, 1798-1876, veuve du Dr Joseph-François Simond, ce qui a été dit plus haut.

Il fut greffier de la justice de paix, puis notaire. Intelligent, ardent et actif, successivement conseiller municipal et maire, conseiller d'arrondissement et conseiller général, secrétaire du conseil général, membre de la commission départementale, et chef reconnu du parti conservateur en•Bauges, il joua pendant plusieurs années un rôle politique important. Il mourut le 4 juillet 1885.

Lui et sa première femme, Marie Maison, morte en 1880, furent les premiers membres de la famille sépulturés dans le nouveau cimetière du Châtelard, inauguré en 1879. Marie Maison lui avait donné trois filles : Jeanne, qui épousa en 1893 son cousin germain Léon Aymonier, Marguerite, qui épousa en 1895 Charles Sevez, de Chambéry, et Léonie, qui s'est mariée en 1905 avec Marius Cottavoz, de Vif en Dauphiné. Leur père, Félix, s'était remarié en 1882 avec Joséphine-Françoise, dite Marie, Cartier, de Carouge, dont il eut, en 1884, un fils, Edouard-Charles-Félix, qui a été élevé et réside à Genève.

Louis, ou Jean-Louis, le frère cadet de Félix, homme très pondéré, né le 6 avril 1841, mort le 11 septembre 1891, avait épousé en 1875, Jenny Feiche, dont il eut Alfred, Adèle, Thérèse, Louise et Arthur. Louise a épousé, en 1907, Ernest Viviand. Les deux autres filles et les deux garçons sont encore célibataires. Alfred est, comme le fut son père, banquier au Châtelard. Arthur est au Crédit Lyonnais.

Etienne, ou Etienne-François, filleul de son grand-oncle Etienne Guilland, est le dernier et aujourd'hui le seul survivant des enfants de Claude. L'auteur de cette petite esquisse historique de la famille est né le 26 février 1844. En 1862, il partit soldat à la place de son frère Louis, prit son baccalauréat au régiment, entra en 1865 à l'Ecole spéciale militaire de Saint-Cyr, en sortit sous-lieutenant dans l'arme de l'infanterie de marine, fut envoyé en Indo-Chine où il resta, sauf quelques courts congés, de 1869 à 1887, remplissant des fonctions civiles très diverses : administrateur, professeur et directeur du collège des administrateurs stagiaires, représentant du protectorat français au Cambodge, chargé de mission scientifique, résident en Annam. Rentré définitivement en France, il fut, de 1888 à 1905, directeur de l'Ecole coloniale, à Paris, où il est resté en retraite. Il est résident supérieur honoraire, officier de la Légion d'honneur, de l'Instruction publique et du Mérite agricole, médaillé des campagnes indo-chinoises, grand-officier du Dragon de l'Annam et de l'Ordre Royal du Cambodge, commandeur du Nicham Iftikar, membre du Comité des travaux historiques et scientifiques et de diverses sociétés savantes.

Il a épousé, le 14 avril 1888, Louise Dupré, dont il a un fils, Jean ou Jean-Michel, né le 6 octobre 1890.

*
* *

Le second fils de Claude III, Jean-Pierre, ne laissa pas d'héritiers directs. Il s'était pourtant marié trois fois. Sa première femme, Marguerite Laperrière, ne lui donna qu'un fils, Claude, qui mourut célibataire et avant le père. Les deux autres femmes, une Gonthier, dont on n'a pas le prénom, et une Jeanne Ballaz, n'eurent pas d'enfants. Celle-ci mourut en mai 1839. Le 22 novembre 1839, Jean-Pierre remit son testament secret au notaire Francoz et mourut le 12 décembre, même année. Le testament ouvert le lendemain portait, entre autres clauses, la suivante : « Je lègue, à titre de fondation perpétuelle, la somme de mille livres neuves, pour être placée à ce titre par la fabrique du Châtelard, avec les précautions et sûretés convenables, en rente constituée, dont les intérêts seront destinés à faire et célébrer annuellement et à perpétuité des grandes messes de Requiem, annoncées aux prônes les dimanches précédents et destinées à faire prier Dieu pour le repos de mon âme et pour celles de mes parents décédés et à décéder ».

Les grand'messes « pour Jean-Pierre Aymonier et ses parents décédés » ont été annoncées aux prônes jusqu'en ces derniers temps ; elles ne le sont plus, le legs ayant été confisqué comme tant d'autres de ce genre.

Ses héritiers universels étaient ses neveux des deux branches : moitié à Claude, fils de Jean-Baptiste son aîné, moitié aux trois fils de son cadet Victor. Acte de partage du 23 mars 1841, Burgos, notaire.

Les branches cadettes actuelles descendent donc toutes de Victor, le troisième fils de Claude III, sur qui on a peu de renseignements. Il semble, de même que son frère Jean-Pierre, avoir eu une personnalité moins accusée que celle de leur aîné, Jean-Baptiste.

D'ailleurs Victor mourut, on ne sait à quelle date précise, mais pas très âgé, en tous cas avant 1827, date où une pièce mentionne ses trois fils et héritiers. Sa femme, Josephte Boisson, lui avait donné en effet trois garçons et deux filles : Jean-François l'aîné, Claude, Jean-François le cadet, Péronne et Marie. Péronne épousa François Boisson et Marie épousa Ambroise Dumoulin.

Le fils aîné, Jean, Jean-Baptiste, ou Jean-François dit l'aîné, naquit le 9 novembre 1809, se maria avec Louise Jarret, dont il eut deux fils et deux filles : Joseph, François, Caroline et

Joséphine. Caroline épousa un Plattet, d'Ecole, et Joséphine se maria avec un Bérard, d'Aillon le jeune. François, le second fils, 1835-1879, se fixa à Paris, épousa Hélèna Derguesse et eut deux fils : Victor, 1870, et Camille, 1872. Victor, ancien élève de l'Ecole Polytechnique, officier d'artillerie démissionnaire, est encore célibataire. Camille a épousé, 1901, Laure Boulant, qui lui a donné, à ce jour, trois enfants : Jeanne, Léon et Henri.

(TABLEAU E.)   *Les Branches cadettes actuelles.*

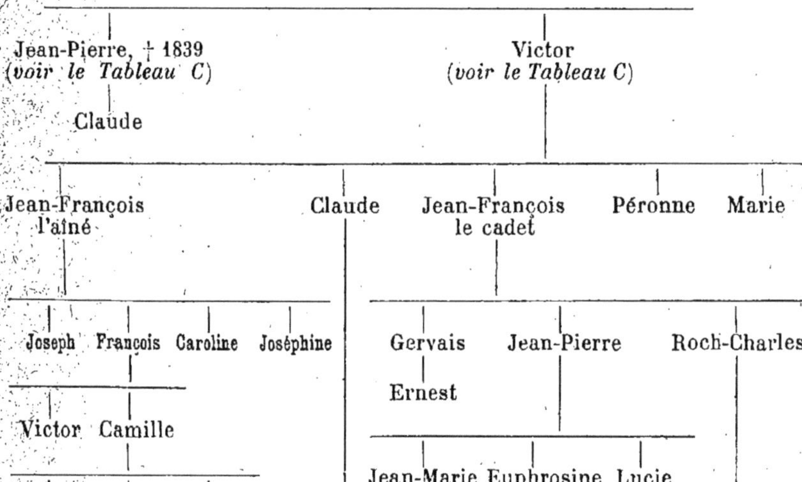

Claude, le second fils de Victor Aymonier, né le 19 août 1812, se fixa vers 1840 à Mellessine ou hameau des Granges du Châtelard. Il épousa Josephte Chappet et eut deux fils, Jean ou Jean-Louis et François. Jean-Louis se maria avec Françoise Rosset, de Doucy, qui lui a donné huit enfants, nés entre 1875 et 1894 : Joseph, Charles, qui est marié, 1908, à Juliette Seguin, Victor-Ernest dit Alfred, Elise, qui a épousé Henri Lhopital, Pierre, mort à 18 ans, Joséphine, Ferdinand et Marie. Trois des garçons, Joseph, Charles et Ferdinand sont en ce moment à Paris.

Le troisième fils de Victor Aymonier, François ou Jean-François le cadet, né le 5 novembre 1814, s'établit, vers 1840, à la Motte en Bauges. Il épousa Caroline Jarret, sœur cadette de la femme de son aîné et eut trois fils, Gervais, Jean-Pierre et Charles ou Roch-Charles. Gervais, 1844-1892, fut instituteur, se maria à Jacqueline Viaud et laissa deux enfants, Ernest et Alice. Celle-ci n'est pas mariée. Ernest, qui est dans l'administration des Ponts et Chaussées, a épousé (1903), Ernestine Nâly, dont il n'a pas d'enfants à ce jour. Jean-Pierre, frère cadet de Gervais, s'est marié à Jeannette Chappuis et en a eu trois enfants, Jean-Marie, Euphrosine, mariée à un Bouvier, et Lucie, mariée à un Péguet. Jean-Marie, marié à Marie-Joséphine Morand, a deux filles encore en bas-âge. Charles ou Roch-Charles, le troisième fils de Jean-François le cadet, a épousé Philomène Frénod et a eu deux enfants : un fils, François-Alfred, marié lui-même à Françoise Dussolier, et une fille, Léontine.

*
* *

En ce xixe siècle où les branches actuelles n'ont été que simplement esquissées, quelques faits importants influèrent directement sur la famille ; d'autres agirent sur le pays, modifiant, l'aspect extérieur et même la constitution intime du vieux Châtelard et ne furent pas sans influencer la famille elle-même. Parmi les premiers, il faut mentionner de rechef la mort soudaine, en 1802, de Jean-Baptiste, le fils aîné de Claude III, homme fortement trempé, rappelant, si même il ne les dépassait pas, les cinq rudes ancêtres qui l'avaient précédé, tous honnêtes, intelligents, ardents au travail et économes par dessus tout. Cette mort consterna les proches et sembla détendre chez eux des ressorts jusque-là énergiquement bandés. Ses cadets, la première génération des descendants de Claude, parurent dès lors se borner à respecter l'autorité paternelle et à conserver tranquillement l'aisance acquise.

La détente continue avec la seconde génération, celle des petit-fils de Claude III, qui vécurent d'ailleurs à une époque, environ 1820-1870, où la vie fut particulièrement douce en ces pays. Héritant encore de leur oncle Jean-Pierre et parvenus à une assez large aisance, ils se laissèrent vivre en faisant valoir leurs biens. Puis, jusqu'en 1860, le pays étant redevenu sarde, les filles n'avaient plus que leur « légitime », peu de chose, moins peut-être que la dot des coutumes de Savoie du xviie siècle.

Mais le nombre des enfants mâles augmente et, avec la troisième génération, celle qui ne compte plus actuellement que quelques représentants au déclin de l'âge, entrent en ligne l'attraction des carrières gouvernementales ou des carrières dites libérales et la fascination de Paris. Ce mouvement s'accentue avec la quatrième génération, aujourdh'ui en pleine vigueur, dont quelques représentants n'ont même plus de liens, malheureusement, avec la petite et antique patrie de leurs ancêtres.

Il faut encore citer la construction en 1833, de l'église actuelle, qui remplaça la vieille petite église élevée en 1470 et réparée après l'incendie de 1644. La nouvelle, après dix-huit mois de travaux pendant lesquels les offices furent célébrés au château des Ecuries, à Mellessine, était reportée du nord au sud du clocher qui resta à son ancienne place, mais probablement plus grand, plus haut. L'entrée de l'église démolie était à l'ouest du côté de la cure, et son chœur ou son abside se reliait par une vieille voûte à la |maison qui est au levant, actuellement maison Charbonnier, qui fut longtemps le logement du vicaire. Cette voûte sous laquelle passait le chemin était l'antique porte saint Sébastien de l'enceinte basse du château ou peut-être même du bourg primitif.

C'est sous cette nouvelle église et dans le vieux cimetière environnant, lieu de sépulture jusqu'en 1878, que dort la poussière de tous nos aïeux.

A partir de 1850 environ, c'est la construction des grandes routes carrossables, remplaçant les vieilles voies qui contournaient respectueusement les propriétés et ne craignaient pas, par contre, de gravir les pentes raides, semblables aux petits chemins vicinaux qui existent encore, praticables aux mulets, aux lents chars à bœufs, ainsi qu'aux *loéjé* (traîneaux), pour les montagnes abruptes ou les temps de neige.

L'annexion définitive à la France, 14 juin 1860, amena aussi de grands changements moraux, donnant par exemple aux filles le droit au partage égal des biens, avec peut-être plus de prétentions et moins de nuptialité.

Enfin, le dernier incendie du Châtelard, dans la nuit du 29 au 30 juin 1867. La vieille fête du solstice d'été ou de la Saint-Jean, maintenue selon la tradition mais reportée depuis quelques années au dimanche suivant, voyait partout allumer, à la nuit tombante, les *libaus*, bûchers dressés sur les hauts-lieux, ici au sommet de la colline du *château*. Bûchers faits de branchages de *focu* (hêtres) que les jeunes gens allaient couper avec leurs *gouais, gouet*, (gros couperets). Puis chants, et danses autour du feu de joie ; et peut-être l'antique coutume superstitieuse d'emporter chez soi quelques tisons ou charbons ardents du *libau*. C'est ce qui fut fait, a-t-on supposé, par une vieille femme, chez qui prit le feu au milieu de la nuit, et qui fut la seule victime humaine de l'incendie.

Le bourg, brûlé presqu'en entier, se reconstruisit rapidement, en maisons d'aspect plus riche et couvertes dès lors en ardoisés au lieu de chaume ; il s'étendit même jusque sur le Pré de foire. Néanmoins les facilités d'émigration et les tendances des lois commerciales actuelles portèrent plutôt atteinte à sa richesse, à partir de cet événement. La population a diminué quelque peu. La vie sociale est moins intense qu'auparavant. Les foires sont moins fréquentées et les marchés du lundi, encore très florissants vers 1860, ont totalement disparu. Le Châtelard ne pourrait maintenir de nos jours sa prospérité que par des installations estivales bien entendues, à l'usage des citadins fatigués et recherchant l'air pur et la fraîcheur, en les organisant sinon au bourg même du moins sur le plateau vers Mellessine.

Quant à la famille Aymonier, plus réduites sont chaque jour ses branches qui continuent les saines traditions du labeur de la terre. Si nos aïeux, calmes, réfléchis, appliqués à leur besogne quotidienne, reparaissaient parmi leurs descendants, peut-être seraient-ils plutôt scandalisés par ce qu'on appelle le progrès moderne. Au moins, doit-on s'inspirer de leur esprit de sévère discipline, de respect, de travail et d'honneur ; se dire, en évoquant leur mémoire dans le fond lointain des âges, que la religion des ancêtres est belle et compatible avec toute autre religion. Enfin, ne jamais oublier, entre membres présents ou futurs de cette famille, malgré les différences sociales qui se créent fatalement, les sentiments de solidarité dus à la communauté de nom et d'origine.

Et s'il en est, parmi nous, qui arrivent à acquérir au loin des richesses que ne pouvaient même concevoir les « bourgeois » et les « maréchaux » des siècles passés, que ceux-là mettent un point d'honneur à conserver, acheter ou construire un pied-à-terre quelconque, en un pays pittoresque, sain, bon pour la santé des enfants en vacances, et bienfaisant au moral des hommes faits venant de temps à autre se retremper à proximité de ces lieux sacrés, peut-on dire, où reposent les cendres des longues lignées de leurs aïeux connus et inconnus !

Le Puy. — Imprimerie Marchessou, Peyriller, Rouchon et Gamon, succ^{rs}.

9 782019 923532